# 우리 안의 파시즘 2.0

# 우리 안의 파시즘 2.0

## 내 편만 옳은 사회에서 민주주의는 가능한가?

임지현 우찬제 이욱연 엮음

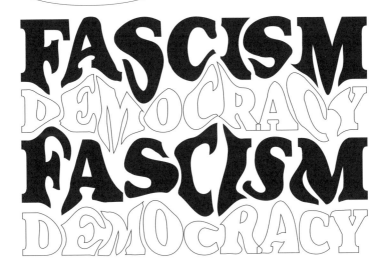

# 우리 안의 파시즘,
# 그 후 20년

일상적 파시즘은
어떻게 진화했는가?

**_임지현**

민족 좌파의 친일파 색깔론이 반공 우파의 빨갱이 색깔론보다 낫다고 믿어서는 곤란하다. '토착 왜구'와 '빨갱이' 모두 박멸의 대상일 뿐 공정한 경쟁 상대가 아니기 때문이다. 민주주의가 제도화된 지 35년이 지나 실시되는 대통령선거가 여전히 색깔론에 물들어 있다는 것은 진짜 문제다. 종교적 주술처럼 진영론을 끌어들여 덮을 수 있는 문제가 아니다. 상대방을 죽이지 않으면 내가 죽는다는 정치의 제로섬 게임은 일상의 오징어 게임으로 재생산된다. 우리의 일상과 의식을 이처럼 옮아매고 있는 한국사회의 파시즘적 결이 바뀌지 않는 한, 한국사회의 민주주의는 미래가 없다. 지난 20여 년 '우리 안의 파시즘'이 2.0 버전으로 업데이트되고 진화하는 동안, 우리의 민주주의는 제자리걸음이다. 이 책은 바로 이 지점에서 출발한다.

## 혁명적 급진주의와 일상적 파시즘

《당대비평》의 특집 '우리 안의 파시즘'이 나온 것은 1999년 여름이 막바지로 들어서던 때였다. 지금은 그로부터 만 22년이 지난 셈이다. 권두 논문 〈일상적 파시즘의 코드 읽기〉를 비롯해 특집을 관통했던 문제의식은 우리의 민주주의가 제도 차원의 정치적 민주화에 머물러서는 곤란하다는 것이었다. 1987년 이후 정치적 민주화가 되돌릴 수 없게 진전된 상황에서, 억압과 강제를 통해 사람들의 신체에 직접적인 권력을 행사하는 군부 파시즘은 이미 문제가 아니었다. '문민정부'와 '국민의 정부'를 거치면서 '군부 파쇼'라는 구호가 사라진 데서도 이 점은 분명했다. 크고 작은 우여곡절이야 있었지만, 법과 제도를 기반으로 하는 정치적 민주화는 1987년 이래 한국사회의 불문율로 굳어졌다. 진보와 보수 어느 쪽도 대놓고 민주주의에 반대하거나 그 의미를 부정하지는 못할 것이다. 그러나 정치적 민주화만으로 충분하지 않다는 것 또한 많은 사람이 느끼는 바였다.

　1999년 여름,《당대비평》이 '파시즘'이라는 불경한 용어를 소환한 데는 이유가 있었다. '우리 안의 파시즘'이라는 화두는 정치적 민주화에 만족하지 말고 사회적 민주화를 전면적으로 밀고 나가자는 메시지를 던졌다. 우리의 일상을 규율하는 미시권력의 문제를 짚고 법과 제도, 구조와 일상을 전면적으로 민주화하는 것은 어떻게 가능한가 하는 나름의 절실한 물음이 있었다. '일상적 파시즘'은 정치적 민주화 이후 사회를 구조화하는 제도적 파시즘과 일상을 규율하는 미시적 파시즘의 관계를 어떻게 이해할 것이며, 이를 바탕으로 민주주의의 민주화를 어떻게 밀고 나갈 것인가 하는 고민을 담고 있었다. 정치적 민주화가 일정하게 진전되고 나니, 이데올로기와 체제의 배후에서 사람들이 느끼고 생각하고 행동하는 방식, 집단적으로 공유하는 일련의 문화적 타성, 일상에서 반복되는 무의식적 습관과 태도 등에 구석구석 자리 잡은 미시적 파시즘이 자꾸 눈에 들어왔다.

'우리 안의 파시즘' 특집은 체제나 제도 또는 이념의 픽션에 현혹되지 않고, 우리의 의식과 일상의 심층에 깊이 들어와 내면화되고 구조화된 권력의 코드를 읽고 해체하자는 제안이었다. 그것은 권위주의적인 권력과 싸우면서 정치 영역에만 머물렀던 전선의 외연을 일상의 영역까지 확대하겠다는 의지의 표현이었다. 내가 1999년에 썼던 〈일상적 파시즘의 코드 읽기〉의 결론을 그대로 인용하면 이렇다. "혹은 전통의 이름으로 혹은 민족의 이름으로 아니면 민중의 이름으로 우리의 일상생활 속에 깊이 뿌리내린 일상적 파시즘을 고사시키지 않는 한, 진정한 변혁은 불가능하다. 독재 권력을 타도하는 싸움에 그친다면, 그것은 혁명이 아니다. 수직적인 '지배'의 아비투스를 '우애'의 아비투스로 대체하는 것, 그것이 혁명이다."

지금 다시 읽어보면, '일상적 파시즘'론에는 좌파 모더니즘의 그림자가 짙다. 나는 〈일상적 파시즘의 코드 읽기〉에 앞서 1998년

《현대사상》의 지식인 리포트 특집호에 〈이념의 진보성과 삶의 보수성〉이라는 글을 실은 바 있다. 이 글은 한국 진보주의의 문제를 급진적 이론과 전근대적 에토스의 모순적 조합에서 찾았다. 나는 1990년대의 대부분을 폴란드 근현대사 연구에 쏟았는데, 폴란드 현지에서 현실사회주의의 부조리한 잔재에 날마다 부대끼면서 '왜?'라는 물음을 몸에 달고 다녔다. 사회구조 전반에 걸쳐 근본적인 변혁을 추구한 볼셰비키 혁명이 범죄적 스탈린주의로 귀결될 수밖에 없었던 이유가 너무도 궁금했다. 일상을 지배하는 구체제의 보수적 관성이 정치적 급진주의를 탈선시키는 메커니즘은 프랑스 혁명에 대한 린 헌트Lynn Hunt 등의 '새로운 문화사new cultural history' 연구가 잘 드러낸 바 있다. '새로운 문화사'의 문제의식이 볼셰비키 혁명에도 적용될 수 있다는 당시의 내 진단은 어설펐지만 진심이 담겨 있었다. 1990년대 후반 이후 신문화사의 관점에서 볼셰비키 혁명에 대한 비판적 연구가 축적되면서 그런 생각은 더 단단해졌다.

　실제로 프랑스 혁명을 선례로 자신들의 사유와 실천을 판단했던 볼셰비키는 자코뱅의 한계까지 판박이로 재현했다. 세르게이 에이젠슈타인Sergei Eisenstein은 혁명 10주년을 기념해 만든 영화 〈10월〉에서 여성대대의 여자 병사들을 도덕적으로 타락한 집단으로 희화화함으로써, 여성의 본성적 타락을 강조하는 제정 러시아의 성 담론을 되풀이했다. 에이젠슈타인 영화의 혁명적 성격과 충돌하는 부분이었다. '부르주아 외국 문화의 영향으로 타락한' 여성에 대한 사회주의 혁명문학의 묘사 또한 남성적 국수주의와 외국인 혐오증을 교묘하게 결합하고 있었다. '팡팡'과 '양공주'에 대한 전후 일본과 한국의 이른바 진보적 지식인들의 편견이 성차별주의와 외국인 혐오증이 기묘하게 범벅이 된 소련의 사회주의 리얼리즘 문학 풍토와 얼마나 다른지도 의문이다.

사회주의를 40년 이상 겪은 프라하의 결혼상담소에 "페미니즘에 오염되지 않은 신부 후보 많습니다."는 플래카드가 버젓이 나붙고, 프롤레타리아 연대가 남성 노동자와 여성 노동자의 위계적 성별 분업과 차별을 슬금슬금 감추고, 반공주의 지식인들이 프롤레타리아 독재의 억압으로부터 프롤레타리아를 보호하고, 노동자가 주인인 나라에서 인민의 군대가 총칼을 동원해 노동자의 파업을 분쇄하고, 공산당에 동원된 노동자들은 다시 학생들의 반란을 잔인하게 진압하는 이 전도된 사회주의를 낳은 혁명을 도대체 어떻게 설명할 것인가는 1990년대 나를 사로잡은 의제 중의 하나였다.

스탈린에게 모든 책임을 돌리는 환원주의적 해석은 심정적으로 위로야 되겠지만, 역사가로서 받아들이기는 어려웠다. 1980년대 말~1990년대 초의 좌파들이 주장하듯이, 레닌으로, 다시 마르크스로, 또는 다시 청년 마르크스의 정신으로 되돌아간다고 해소될 일이 아니었다. 질문이 맴돌았고, 질문은 새로운 질문을 낳았다. 혁명의 변화조차 그렇게 제한되어 있다면, 세상은 도대체 변하기는 하는 것인가? 세상은 어떨 때 어떻게 변하는가? 혁명보다 더 근본적이고 큰 변화가 있는가? 혁명보다 더 혁명적인 것은 무엇인가? 어느 변화가 더 중요하고 어느 변화가 더 사소한가? 그러한 변화의 징후는 어떻게 읽을 수 있는가? 1990년대부터 품고 있었던 이 질문들에 대해 아직도 명쾌한 답을 갖고 있지는 못하지만, 지금까지 내가 역사가로서 해온 연구와 고민은 이런 질문을 여러 각도에서 살펴보며 답을 찾는 과정에서 나온 것이었다.

## 586세대와 일상적 파시즘

《당대비평》의 특집 '우리 안의 파시즘'의 권두 에세이인 〈일상적 파시즘의 코드 읽기〉는 역사가로서 품고 있던 이러한 질문을 한국 사회에 던지고, 그에 대한 답을 같이 찾아보자는 제안이었다. 아직도 답은 없이 질문만 계속 늘어나는 중인데, 그래도 답을 찾는다면 "모든 죽은 세대의 전통이 악몽과도 같이 살아 있는 사람들의 머리를 짓누른다."는 마르크스의 통찰에서 실마리를 구할 수 있다고 생각한다. 프랑스 혁명과 나폴레옹의 이상이 나폴레옹의 조카이자 허풍선이 야심가 루이 보나파르트의 반동으로 귀결되는 과정을 분석하면서 보여준 마르크스의 통찰은 여전히 오싹하다. 나는 이 글에서 사회구조와 경제체제, 법과 제도, 정당과 사회적 조직원리 등의 민주적 변화가 반드시 민주주의를 보장하지는 않는다고 썼다.

　정치권력을 장악해 법과 제도를 바꾸고 정의로운 사회·경제체제를 만들면 세상이 변화한다는 순진한 변혁전략은 현실사회주의의 실험에서 이미 그 역사적 파산을 드러냈다. 그러나 관성의 힘은 생각보다 완강했다. 정치적·경제적 파시즘을 일상적 파시즘과 작위적으로 대립시키면서 여전히 정치적 파시즘과의 투쟁이 우선이라는 당시 한국사회의 지배적인 관점에서 볼 때, 일상적 파시즘론은 이단이었다. 그들의 파시즘 대신 우리 안의 파시즘을 비판하는 것은 적을 이롭게 할 뿐이라는 진영론적 사고방식은 생각보다 뿌리가 깊었다. 586 종교재판관들이 일상적 파시즘론은 정치적 파시즘과의 투쟁을 사보타지 하고 극우와 내통하는 진보의 이단이라고 선고했다고 해서 놀랄 일은 아니었다. 정치적 파시즘의 잔재와 싸우는 게 우선이고 그 싸움에서 승리한 다음에야 일상적 파시즘과 싸울 수 있다는 단계론적 비판은 차라리 양반이었다.

진정성 여부를 떠나, 이러한 비판은 20세기의 변혁운동에 대한 고민과 성찰이 기계적이거나 피상적인 데서 비롯된 것이 아닌가 한다. 레닌과 볼셰비키가 남한의 진보적 지식인들보다 혁명과 해방의 대의에 덜 헌신적이었다거나 치열하지 못했다고 생각해서는 곤란하다. 로자 룩셈부르크의 비판처럼 레닌의 '타타르 마르크스주의'가 상대적으로 거칠었는지는 모르겠지만, 1980년대 남한 좌파가 레닌보다 마르크스주의를 더 잘 이해했는지는 의문이다. 문제는 마르크스에 대한 오해나 오독이 아니었다. 정작 큰 문제는 레닌과 스탈린 등의 '정통 마르크스주의' 저작을 성경처럼 읽고 이단을 용납하지 못하는 풍토였다. 현실사회주의의 역사적 경험을 거울삼아 진지한 자기성찰을 시도할 때, 가장 아프게 와 닿는 것은 마르크스주의라는 근대의 변혁전략이 토대와 상부구조의 기계적 이분법 아래 전선을 토대의 문제로 환원시켰다는 점이다. 파시즘에 대한 투쟁을 정치적·경제적 파시즘과의 투쟁으로 환원시키거나 일상적 파시즘을 그것에 종속시키려는 시도도 기본적으로 같은 한계를 공유하고 있다.

더 중요하게는 그러한 이분법이 마르크스주의에 기초한 운동 자체가 파시즘적인 억압기제를 내장하고 있다는 사실에 눈을 감는다는 점이다. 소련과 동유럽의 집권 공산당은 말할 것도 없고, 독일 사회민주당의 관료화된 노조, 1968년의 프랑스 공산당과 노동총연맹, 지도와 연대의 이름으로 노동자 사이의 차별을 지우려고 했던 주류 노동운동의 관행 등에서 진보의 파시즘적 억압관행이 광범위하게 발견된다. 이들 운동이 정치적·경제적 파시즘의 타도에 성공했다고 해도, 새로운 억압기제를 내장한 이상 그것은 새로운 문제를 일으킬 뿐이다. 스탈린주의로 귀결된 볼셰비키 혁명처럼 굳이 멀리서 역사적 교훈을 찾을 필요는 없다. 1980년대 민족해방NL 노선이든 민중민주주의PD 노선이든 마르크스주의적 변혁을 꿈꿨던 586세대가 조국 사태를 전후해 보여준 실망스러운 정치행태는 혁명과 진보의 이름으로 개인적인 일탈이 정당화될 수 있다고 생각하는 낡은 변혁전략의 업보다. 우생학적 관점에서 다문화 혼혈정책을 비난하고 민족적 혈통의 순수성을 강조하는 인종차별주의와, 노동자의 계급적 단결이라는 이름으로 한국인-

남성-대기업-정규직 노동자의 특권을 정당화하는 논리가 '진보' 의 위치를 선점한 한국 진보정치의 민낯이 드러난 것이다.

20세기 현실사회주의의 경험에 대한 역사적 성찰 위에서 진보 의 문제를 다시 생각하면, 이들의 변혁전략은 상당히 단선적이고 교조적이었음을 알 수 있다. 인식론적으로 그 전략은 토대를 일방 적으로 강조함으로써, 무한히 복잡한 미시권력의 네트워크이자 일상생활의 모든 국면에 침투한 위계적 권력의 메커니즘을 파헤 치는 데 실패했다. 그 결과 사회주의는 프롤레타리아 독재의 이름 으로 특권적 이해의 네트워크를 구축한 노멘클라투라의 권력 독 점을 정당화하는 이데올로기로 전락해버렸다. 또 인식의 지평 자 체가 생산관계와 제도의 영역에 고정됨으로써, 포괄적인 사회적 관계망과 일상생활에서 어떻게 권력의 지배와 착취가 이뤄지는가 에 대한 문제의식이 설 자리가 없었다. 특히 토대를 강조하는 경제 주의적 편향은 문화를 상부구조에 간단히 편입시킴으로써, 상징 적 문화구성체와 그 안에서 표명되는 하비투스habitus가 사회·경제 체제보다 더 오래 지속되고 따라서 더 큰 역사적 규정력을 갖는다 는 점을 이해하지 못했다.

노멘클라투라의 독점적 특권에 대한 노동자·농민의 반발은 지 도부의 과학적 이론과 역사의 발전법칙에 맞는 노선을 거부하는 미성숙한 계급의식의 표현으로 치부되었으며, 노동자와 농민은 그저 당 지도부의 교화 대상일 뿐이었다. 낡은 진보와 변혁의 논리 를 좇아가다 보면 오늘날 586세대가 중심인 더불어민주당 지도부의 이해하기 어려운 오만과 독선은 이미 1980년대 학생운동에 그 뿌리가 있다는 것을 알 수 있다. 행정부와 입법부를 장악하고 있으면서도 자신들은 보수세력에 포위되어 아무것도 할 수 없으며, 부동산 가격 폭등을 낳은 정책 실패와 무지를 자본의 음모로 돌리는 논리에서 '포위된 요새' 신드롬의 기시감을 느끼는 것은 비단 나만이 아닐 것이다. 정치적 결사와 언론에 재갈을 물리고 노동자들의 시위를 탱크와 군대를 동원해 압살한 스탈린주의자들은 제국주의 열강에 포위된 사회주의 요새를 방어한다는 명분으로 자신들을 정당화했다. 보수세력에 포위된 진보정치의 어젠다를 살린다는 구호 아래 당내 민주주의와 언론의 자유, 청년세대와 비정규직 노동자, 페미니즘과 친환경 생태정치의 목소리를 억누르고 억압의 정치를 진보와 자유의 이름으로 정당화하는 586 정치의 문법이야말로 '포위된 요새' 신드롬의 전형을 보여준다.

'우리 안의 파시즘' 특집과 일상적 파시즘론에 586(당시 386) 주류 운동권의 거센 비판이 집중된 것도 알 만하다. '운동의 후퇴국면에서 나타나는 문화주의와 이광수의 민족개조론을 연상케 한다'는 비판은 뜬금없지만 차라리 온건한 편이었다. '민중을 파시스트로 간주하고 적으로 돌리는 논리'라는 비판은 '극우와 내통하는 진보 허무주의'라는 격앙된 비판에 비하면 차라리 합리적이었다. 586세대의 이러한 비판은 진영논리의 불가피한 귀결이지만, 정치적 민주화가 진전된 1999년의 상황에서 일상적 파시즘론이 극우와 내통한다는 비판은 지나쳤다. 일상을 지배하는 하비투스를 어떻게 변화시킬 것인가 하는 일상적 파시즘론의 전복적 상상력은 현실사회주의의 역사적 파산에 대한 성찰과 맞닿아 있었다. 현실 사회주의의 도덕적 타락과 몰락은 '좋은 헤게모니'를 가진 우리가 '나쁜 헤게모니'를 몰아내고 권력을 쟁취해 구조와 제도를 바꾸면 사회가 변화된다는 생각이 얼마나 순진한 것이었는지를 잘 보여 주었다.

1990년대 후반에 이르면 386세대 운동권의 군사주의와 서열주의, 운동 명망가들의 잇단 성추행과 가정폭력, 5·18 기념식 전야 운동권 주역들의 광주 룸살롱 음주 스캔들 등이 일간 신문의 사회면을 장식하기 시작했다. 586세대에 깊이 스며들어 있는 '우리 안의 파시즘'은 이들이 행정부와 입법부를 장악한 이후에 나온 오만과 편견의 결과라기보다, 1980년대 민주화운동 과정에서 이미 뿌리가 깊게 내려진 것이라고 봐야 한다. 스탈린주의와 천황제에 기반을 둔 지도자 숭배, 청소년 시절부터 규율과 복종을 내면화시키는 학교 교육, 군사주의 문화와 엄격한 위계질서, 카드섹션처럼 일사불란한 학생운동, 여성을 내적 식민지로 만든 가부장주의, 공격적 성차별주의와 이성애중심주의, 일본제국주의의 군사 동원체제에 그 뿌리를 둔 박정희 유신독재의 민족주의적 정신교육, 순수 혈통에 집착하는 가부장적 혈통주의와 인종차별주의, 민족주의적 과대망상증과 외국인 혐오증 등 파시즘으로 발전할 수 있는 집단심성이 한국사회의 결을 이루고 있다는 징후는 586세대의 말과 행동에서 자주 발견된다.

문재인 정부 들어 청와대의 인사 때마다 이런 문제가 불거지는 것은 일상적 파시즘이 586 민주화운동 세대의 몸과 일상에 얼마나 깊이 각인되었는지를 잘 보여준다. 이들의 몸에 깊이 새겨진 일상적 파시즘이 민족통일과 노동해방이 이뤄지는 날 하루아침에 사라진다고 믿는다면 큰 착각이다. 매스게임이나 카드섹션 같은 스펙터클의 정치가 세상을 바꿀 것처럼 생각하는 청와대 인사들의 사고방식이야말로 일상적 파시즘의 코드를 공유하고 있다. 집체적 스펙터클에 동원되어 오랫동안 꼼짝없이 자리를 지켜야만 하는 북의 어린이들이 오줌소태로 고통받는 것은 안중에도 없이, 민족적 흥과 연희의 장관이라고 파안대소하는 남한 '민주' 인사들의 모습을 볼 때마다 묘한 기시감을 느끼는 것은 나뿐일까? '히틀러의 치어리더' 레니 리펜슈탈이 나치 전당대회를 찍은 기록영화 〈의지의 승리〉와 북한의 매스게임을 비교하는 게 불편한 사람들에게는, 매스게임이 체코 우익 민족주의자들의 발명품이라는 점을 밝혀둔다.

　일상적 파시즘이 모든 것을 에티켓의 문제로 환원시켜 '내 집 앞 쓸기 운동'과 같은 실천적 심급에 있다는 비판을 생각하면 여전히 실소를 금할 수 없다. 일상적 파시즘을 도덕적 훈계처럼 생각한다면 그것도 큰 오해이다. 일상적 파시즘은 586 민주화운동 세대에게서 널리 발견되는 현실과 이론의 괴리를 문제 삼는 데서 출발했지만, 개인의 도덕성 문제로 환원시키려는 의도는 없었다. 예컨대 586세대 '강남 좌파'에 대한 도덕주의적 비판은 일상적 파시즘과 별로 상관이 없다. '강남 좌파' 운운하는 비판은 속류 마르크스주의의 경제환원론과 다를 바 없다. 지식인의 계급성은 그가 사는 곳이 어디냐가 아니라 그가 어느 편에 서기로 했는가에 따라 결정되는 실존적 선택의 문제인 것이다. 강남 좌파라서 문제가 아니라, 반대파에게 '토착 왜구'와 같은 원색적이고 극우적·민족주의적 색깔론을 거리낌 없이 사용하는 '진보 도착증'이 문제인 것이다.

개인의 도덕성은 이재명 더불어민주당 후보의 진짜 문제가 아니다. 반대파에게 툭 하면 '친일파' '민족 반역자' 등의 프레임을 씌우는 색깔론이 문제인 것이다. '토착 왜구'나 '빨갱이'는 박멸과 척결의 대상일 뿐 정치적 대화 상대가 될 수 없다. 국가안보의 이름으로 빨갱이 사냥에 나섰던 군사독재의 '국가'보안법과 민족정기의 이름으로 토착 왜구 사냥에 나선 586세대의 '민족'보안법은 자기와 생각을 달리하는 사람들에게 반역의 프레임을 씌운다는 점에서 같은 정치적 문법을 구사한다. '민족'보안법이 '국가'보안법보다 더 민주적이라고 믿을 이유는 없다. 이재명의 '친일파 신색깔론'이 일베의 수구적 색깔론과 문법적으로 얼마나 다른지도 의문이다.

민주주의가 제도화된 지 35년이 지나 실시되는 대통령선거가 여전히 색깔론에 물들어 있다는 것은 진짜 문제다. 그러니 한국사회의 정치적 공론장에서 진영론이 종교적 주술처럼 횡행하는 것도 놀랍지 않다. 상대방을 죽이지 않으면 내가 죽는다는 정치의 제

우리 안의 파시즘 2.0

로섬 게임은 일상의 오징어 게임으로 재생산된다. 확신에 찬 정치 지도자나 그를 따르는 지식인들은 이단을 심판하는 중세의 종교재판관처럼 군림하고, 21세기 한국의 인터넷 익명들은 1600년 2월 '캄포 디 피오리 광장'에서 조르다노 브루노의 화형에 환호하는 로마 군중과 다를 바 없다. 우리의 일상과 의식을 이처럼 옭아매고 있는 한국사회의 파시즘적 결이 바뀌지 않는 한, 한국사회의 민주주의는 미래가 없다. 지난 20여 년 '우리 안의 파시즘'이 2.0 버전으로 업데이트되고 진화하는 동안, 우리의 민주주의는 제자리걸음이다. 이 책은 바로 이 지점에서 출발한다.


## 왜 다시 '우리 안의 파시즘'인가

《당대비평》에서 '우리 안의 파시즘' 특집을 게재한 지 22년이 지난 2021년 11월에 '우리 안의 파시즘 2.0' 학술대회를 열고 단행본을 준비한 것은, 우선 2021년의 현실을 설명해주는 더 적절한 개념과 언어를 찾지 못한 우리들의 지적 게으름 때문이다. 정치제도로서의 민주주의와 우리가 일상에서 느끼는 민주주의의 간격이 더는 견딜 수 없을 만큼 벌어진 상황에서 아쉬운 대로 '우리 안의 파시즘'을 다시 소환할 수밖에 없었다. 1.0과 2.0 사이의 20여 년 동안 권력의 작동방식은 힘에 의한 강제와 억압으로부터 내면화된 규율과 동의를 통한 자발적 복종으로 완연하게 이동했다. 권력의 작동방식은 더 합리화되었다. 코로나19 팬데믹이 부른 의학적 비상 사태는 격리와 록다운, 집회의 금지를 강제하는 '위생독재'에 대한 아래로부터의 동의를 만들어냈다. '위생독재'가 효율적으로 작동한 배경에는 불과 두 달 만에 2,500만의 성인이 자발적으로 동원되어 열 손가락의 지문날인을 했던 주민등록증 갱신사업의 경험이 있다.

'백신 홀로코스트'에 대한 우파에서 좌파에 이르기까지 서유럽의 광범위한 저항이나 중국의 엄격한 전체주의적 통제와 달리, 주민들의 광범위한 참여와 밑으로부터의 지지를 누린 'K-방역'은 세계적인 성공 사례로 널리 선전되었다. 몸 밖에서 몸을 통제하는 생체권력이 피부를 뚫고 들어가 몸 안을 통제하는 감시체제로 진화하는 동안, 한국의 민주주의는 K-방역의 성공을 알리기에 바빴다. 이를 바탕으로 586세대 중심의 더불어민주당은 총선에서 압도적 승리를 구가했다. 개인의 신체와 자유에 대한 생체권력의 침탈에 맞서 사회적 거리두기 등 방역체제와 백신을 거부함으로써 전염병의 확산과 다수의 죽음을 부른 저항이 반드시 옳다는 이야기가 아니다. 공공의 안전과 개인의 자유 사이의 건강한 긴장 관계는 어떻게 설정하고 공공의 안전과 복지를 위해 집행권력에 주어진 강제력의 범위는 어디까지이며, 의학적 복지체제와 의학적 파시즘의 경계는 어디이고, 의학적 비상상황에서 생존의 합리성이 인간의 도덕성보다 우선될 수 있는 한계는 어디인가에 대한 공공적 논의가 없었음을 지적하고 싶은 것이다.

더 불편한 점은 1972년 10월 유신으로 국가 비상사태가 선포되었듯 2020년 코로나19 팬데믹으로 의학적 비상사태가 선포되었고, 박정희의 공화당과 유정회가 그랬듯 586세대와 더불어민주당이 비상사태를 정치적 지렛대로 이용했다는 것이다. 더구나 유력한 대선 후보인 이재명 씨와 윤석열 씨 모두 박정희를 소환하는 데 그치지 않고 각각 경제와 정치에서 전두환의 업적을 언급하는 한국사회의 정치적 풍경은 참담하기만 하다. 정치적 민주화를 바탕으로 민주주의의 민주화를 향해 나아가고 있는 한국이라는 배는 좌우합작으로 끊임없이 재생산되는 '우리 안의 파시즘' 앞에서 좌초될 위험에 처해 있다. '우리 안의 파시즘'을 제기한 지 20년이 넘은 지금, 다시 '우리 안의 파시즘 2.0'을 이야기할 수밖에 없는 이 현실에 동시대인의 한 사람으로서 책임을 통감한다. 이 책에 실린 아홉 편의 글은 그러한 책임감의 발로이며 지금 여기의 민주주의를 걱정하는 인문학자들의 응답이다.

철학자 이진우는 〈능력주의의 두 얼굴〉에서 엘리트의 독점과 지배를 정당화하는 능력주의가 민주주의를 위태롭게 만드는 '폭정tyranny'을 초래한다고 경고한다. 한때 민주적 시민사회를 추동하는 동력이었던 능력주의는 이제 기득권의 세습 수단으로 변질되었다. 그뿐만 아니라 공정하다는 착각을 불러일으킴으로써, 승자독식과 약육강식, 사회적 불평등과 불공정을 확대·재생산하는 디스토피아에 대한 저항과 반란을 옭아매는 덫이 되었다고 지적한다. 노동운동을 중심으로 공정 담론의 바탕에 깔린 복잡한 현실을 추적한 이철승은 〈세대-연공-인구 착종이 낳은 기득권〉에서 민주적 노동운동의 화석화 경향을 우려한다. 586세대의 지식인 네트워크와 노동조합의 전투적 조합주의, 연공제 고수 전략이 586세대와 청년세대, 정규직과 비정규직 사이의 불평등을 초래하는 주요 요인임을 밝히고 청년·비정규직·여성 노동자가 동시대 노동시장의 불평등 구조의 희생자임을 드러낸다. 민주노조에 가입할 수 있는 조건 자체가 특권이 된 현재의 불평등한 노동시장은 1987년 노동자 대투쟁으로 시작된 민주노조의 신화를 다시 생각하게 해준다. 정치학자 박상훈의 〈국민주권 민주주의에 사로잡힌 한국정치〉는 '국민주권'과 '국민의 뜻'을 앞세우는 직접민주주의라는 유혹이 대통령의 권위주의적 긴급명령권을 강화함으로써 문재인 정권만이 아니라 한국정치 전반을 어지럽히고 있음을 밝히고 있다. 대통령이 직접민주주의의 이름 아래 국민참여를 주도할 때 민주정치가 위험에 처한다는 그의 경고는 섬찟하다. 국민이 자기 자신에 대해 독재를 행사한다는 이유로 나치즘을 '주권독재'라 칭하고 정당화한 카를 슈미트의 말을 떠올리는 이가 비단 나만은 아닐 것이다.

　여성학자 정희진의 〈식민지 남성성과 추격발전주의〉는 미래 지향의 추격발전주의가 자연과 여성을 대상화하는 남성주의와 공모 관계에 있다는 비판에서 출발한다. 한국사회의 추격발전주의는 인류세 시대에 닥친 파국을 인지하지 못한 채 인류 역사를 단일한 시계열로 시간화하는 서구중심적 역사주의의 틀 속에서 '식민지 남성성'의 굴레를 벗어나지 못하고 있다는 것이다. 인류세와 메타 젠더의 관점에서 추격발전주의를 비판하는 정희진의 글은 인도 출신 서발턴 연구자 디페시 차크라바르티Dipesh Chakrabarty의 역사주의 비판이 한국의 남성주의에 대한 페미니즘적 비판과 만나는 보기 드문 풍경을 제공한다. 조영한은 〈너무 익숙해서 낯선 일상적 인종주의〉에서 한국인의 인종주의가 너무 습관적으로 실천되고 자연스러워서 문제라고 여겨지지 않는 게 문제라고 지적한다. '국뽕'의 시대에 들어서면서 문화적 우월감이 배가되고, 일상적 인종주의가 국가주의/민족주의와 더욱 강하게 결속되었다는 게 그의 진단이다. 그가 제시하는 '일상적 인종주의'는 배제와 차별의 논리로 작동하고 있는 인종주의를 부인하는 '부정의 정치학'을 이해하는 방편이다. 김내훈은 〈주목경제 시대의 주인공, 관종〉에서 폭력적이고 선동적인 언어와 행동으로 인터넷 공간을 지배하는 '관종', 즉 '프로보커터'가 복합적인 사회 문제를 특정한 개인이나 집단으로 의인화해 집단적 증오와 공격을 선동하는 도발 퍼포먼스를 젊은이의 눈으로 예리하게 포착하고 있다. '일침'과 '사이다'의 향연 속에서 또렷한 전선, 절대악을 상정한 선동과 도발로써 '우리'와 '그들'을 분리해 정치적 부족주의를 더욱 심화시키는 포퓰리스트와 프로보커터에 대한 김내훈의 비판은 청년세대의 과격화와 대중의 극우화가 동전의 양면임을 시사한다.

　한국 대형교회의 문제를 일관되게 파헤쳐온 실천하는 목회자 김진호는 〈한국의 작은 독재자들〉에서 개발독재 시대 성공에 대한 욕망을 부추겨 대중의 자발적 동원체제를 가능케 했던 정치적 주체화 현상으로서의 '정치종교'와, 소비민주주의 시대 자신의 결핍감을 소수적 타자에 대한 혐오감으로 푸는 '문화종교'를 구분하고 있다. 선과 악의 극단적 이분법에 사로잡힌 한국 개신교의 종말론적 문화종교를 읽는 그의 독창적인 독법은 21세기 한국사회의 기독교 대중이 어떻게 '작은 독재자들'로 나아갔는지를 잘 보여준다. 문학평론가 우찬제의 〈천의 언어, 천의 대화〉는 최근의 영화, 문학, 언론보도 등 여러 수사학적 장에서 최상급의 표현이나 강조부사를 자주 사용하는 수사학적 전략을 살피면서, 혹 그것이 파시즘의 언어를 닮은 것은 아닌지 묻고 있다. 이 물음 위에서 그는 우리 말의 풍경이 지배적 언어를 넘어서 대화적 언어로, 단정적 언어에서 성찰적 언어로, 배제적 언어에서 포용적 언어로, 공격적 언어에서 연민의 언어로 나아갈 수 있는 해방의 가능성을 모색한다.

마지막으로 음악학자 배묘정은 〈우리 안의 행진곡과 소리의 식민성〉에서 식민지배 이후 오늘날까지 단절 없이 지속되고 있는 '우리 안의 행진곡'을 분석하고 있다. 일본의 식민지배를 거치면서 신체와 감각에 내면화된 행진곡의 리듬이 개발독재 시기를 거치면서 더욱 강화되고 그것이 동시대로 이어지고 있다는 배묘정의 주장은 소리의 식민성과 파시즘적 속성에 대한 비판을 담고 있다. "마침내 넌 이 낡은 세계가 지겹다."는 기욤 아폴리네르의 시구로 시작되는 문부식의 에필로그 〈말의 죽음, 민주주의의 죽음〉이 미완으로 남은 점은 아쉽다. 다시 '우리 안의 파시즘 3.0'을 기획해야 하는 상황이 온다면 그때를 기약하는 수밖에 없다.

'우리 안의 파시즘 3.0'과 같은 기획이 필요하지 않은 세상을 바라지만, 이 글을 쓰고 있는 지금 벌어지고 있는 상황을 보면 세상은 그리 쉽게 바뀌지 않는다는 비관론에 자꾸 빠지게 된다. 한 재벌 2세의 시대착오적 '멸공' 색깔론에 올라탄 윤석열 국민의힘 대선 후보 주변의 '멸공' 인증 놀이나 '노 재팬No Japan' 로고를 내세워 친일 색깔론으로 반격하는 더불어민주당 주변의 댓거리를 보면, 답답하기 짝이 없다. 초등학교 반장 선거도 지금의 대선판보다는 민주적일 것이다. 그런데 이 선량한 초등학교 교실에도 '우리들의 일그러진 영웅'은 있다. 이문열의 문학적 상상력에 갇혀 있는 2022년 한국사회의 정치적 풍경은 서글프다. 민주주의는 끊임없이 도전을 헤쳐나가는 미완의 프로젝트일 수밖에 없다. 민주주의가 완성되었다고 생각하는 순간, 민주주의의 위기는 시작된다.

 민주주의는 점차 퇴화하는데 우리 안의 파시즘만 계속 진화하고 있다는 생각은 나만의 기우일까?

# 01

## 능력주의의 두 얼굴

민주적 공정사회인가,
엘리트 계급사회인가?

**_이진우**

누구에게 자격이 있는가? 자격은 어떻게 결정되는가? 고대에 플라톤과 아리스토텔레스가 제기했던 이와 같은 철학적 질문은 여전히 타당하다. 청년세대의 공정 담론은 기회를 받을 자격에 관한 담론이다. 이러한 '자격 담론'은 능력을 자격의 유일한 잣대로 고수한다. 능력을 사회적 상승의 절대적 수단으로 생각하는 한, 엘리트 계급의 독점을 정당화하는 능력주의 이데올로기는 깨질 수 없다.

## 우리를 사로잡은 단 하나의 이데올로기, 능력주의

당연한 것이 더는 당연하게 여겨지지 않는다면, 그것은 위기의 징후다. 사회를 유지하고 지속하게 만들었던 가치가 뿌리째 흔들리고 있음을 보여주기 때문이다. 반면 시대가 변화했는데도 당연하지 않은 것을 여전히 당연하게 생각한다면, 위기는 더욱 악화되고 지속된다. 기존의 규범과 가치를 의심하는 태도는 현상을 타파하고 세상을 바꿀 수 있는 개혁의 잠재력을 키우지만, 당연하지 않은 것에 집착하는 태도는 문제를 왜곡하기 때문이다. 여기서 많은 사람이 타당성을 의심하면서도 여전히 당연하다고 생각하는 것은 바로 '능력주의'다. 능력주의가 사회적 불평등을 정당화할 뿐만 아니라 오히려 심화하고 있는 상황에서, 사람들은 '공정'에 민감하게 반응하면서도 능력주의만은 힘껏 붙잡고 있다.

능력merit은 개인이 가진 특징이지만, 능력주의meritocracy는 사회가 가진 특징이다. 영국의 작가 마이클 영Michael Young이 라틴어 단어 '메리툼meritum'과 그리스어 단어 '크라테인kratein'을 합성해 만든 신조어 '능력주의'는 개인의 능력과 노력에 따라 보상해주는 사회 시스템을 뜻한다. 경제적 재화와 정치적 권력이 개인의 재능·노력·성취를 기반으로 부여되어야 한다는 정치적 이데올로기가 바로 능력주의라고 할 수 있다. 현대 자본주의 사회의 핵심을 잘 포착한 이 개념은 우리의 심성구조에 깊이 각인되어 있다.

능력주의는 단순한 문제가 아니다. 현대 자본주의 사회의 이데올로기인 능력주의는 자본주의 사회만큼이나 복합적이다. 능력주의를 단순하게 다뤄서는 본질과 실태를 정확하게 파악할 수 없다. 그런데 우리는 능력주의를 단순화하려는 경향이 있다. 한편에는 개인의 능력만을 사회적 자원의 분배 기준으로 삼는 능력주의가 매우 공정하다는 유토피아적 시각이 있다. 다른 한편에는 능력을 인정받은 새로운 엘리트 계급이 형성되면 승자독식과 약육강식의 무자비한 사회가 출현한다는 암울한 디스토피아적 전망이 있다. 완전한 능력주의가 실현된 미래사회는 유토피아인가, 디스토피아인가? 능력주의는 정치철학자 존 롤스John Rawls가 정의로운 사회라고 규정한 사회적 협동의 공정한 체계인가, 엘리트 세습에 기반한 불공정사회를 정당화하는 이데올로기에 불과한가? 능력주의는 사회적 불의의 원인인가, 사회적 불평등을 완화하고 극복할 수 있는 수단인가?

능력주의는 복합적이고 중층적이다. 능력이 개인의 문제라면 능력주의는 복잡한 사회적 문제이기 때문이다. 우리는 모두 자유롭고 평등하며 정의로운 사회를 꿈꾸지만, 현실 사회에는 언제나 어느 정도의 부자유와 불평등이 존재한다. 아리스토텔레스에 따르면 사회적 갈등은 평등한 것을 불평등하게 그리고 불평등한 것을 평등하게 다루는 데서 비롯된다. 우리가 사회적 평등을 추구하면서도 능력의 차이를 무시할 수 없는 이유다. 오늘날 열띠게 논의되는 공정 담론은 무엇이 정당화될 수 있는 불평등인지에 방점이 찍혀 있다. 능력 있는 개인에게 일자리를 주는 것은 문제가 되지 않는다. 그렇지만 특정한 능력이 있다고 판단되는 엘리트가 새로운 계급으로 굳어져 세습되는 경향을 보이면 나머지 사람들에겐 기회조차 주어지지 않는 것이 문제다.

능력주의는 이렇게 항상 사회적 불평등 또는 공정과 연결되어 있다. 공정을 요구하는 목소리가 사방에서 들리는 시점에 능력주의가 거론되는 것은 우연이 아니다. 왜 사람들은 능력주의가 사회적 불평등의 새로운 원인이라고 하는데도 계속해서 능력주의 이데올로기를 버리지 못하는가? 사람들은 능력주의에 집착할수록 엘리트와 보통 사람의 간격이 더 벌어질 수 있음을 인식하면서도, 이 간격을 좁힐 수 있는 유일한 방법도 능력주의라고 생각하는 것처럼 보인다. 능력주의 덕택에 기존의 신분사회를 파괴하고 새로운 평등사회를 구현하는 데 성공한 사회일수록 능력주의 집착 현상이 심하다.

이러한 능력주의 집착은 전 세계적인 현상이지만 우리나라는 더욱 심한 듯하다. 나는 지난 30년간 대학에서 가르치면서 학생들에게 능력주의 정서가 점점 짙어지고 있음을 느꼈다. 취업보다 어떤 일자리를 갖느냐가 문제인 엘리트 대학의 학생과 취업이 어려운 중위권 대학의 학생 모두 능력주의에 대한 견해에서는 아무런 차이가 없었다. 소위 좋은 대학에 입학한 것 자체를 커다란 성취로 생각하는 엘리트 학생들은 자신의 성공이 자신의 능력 덕이며 자신이 기울인 노력에 따라 얻은 당연한 보상이라고 생각한다. 반면 중위권 대학의 학생들은 현재 상황을 극복하고 좋은 일자리를 얻기 위한 유일한 방법은 능력과 노력뿐이라고 확신한다. 모든 사람이 계층과 관계없이 능력주의 이데올로기에 감염된 것이다.

이러한 능력주의에 균열이 생기게 한 것은 두말할 나위 없이 극단적인 불평등이다. '극단적'이라는 말은 곧 넘어설 수 없다는 뜻이다. 엘리트 계급과 나머지 계급 사이에는 이제 계층이동의 사다리가 존재하지 않는다. 우리는 이런 사회를 '20 대 80의 사회' 또는 성의 안과 밖의 시민을 구별하는 높은 장벽이 있는 '장벽사회'로 부른다. 한때 세습적 신분사회를 타파했던 능력주의가 새로운 엘리트 계급을 만들어낸 것이다. 이들은 특권을 유지하기 위해 자신들이 가진 사회적 자원과 지위를 세습한다. '흙수저 금수저' 논의가 말해주는 것처럼 새로운 엘리트 계급도 세습되는 것이다.

개인의 능력과 노력보다 부모의 상속과 증여가 우리의 삶에 결정적인 영향을 미치는 사회에서 능력주의는 이제 '허구myth'로 폭로된다. 실력대로 공정한 기회와 결과를 얻는다는 능력주의는 저항과 반란을 불가능하게 만드는 '함정trap'으로 작동한다. 그뿐만 아니라 엘리트의 독점과 지배를 정당화하는 능력주의는 민주주의를 위태롭게 만드는 '폭정tyranny'을 초래한다는 경고의 목소리도 높이 울린다. 그런데 이 모든 경고에도 불구하고 능력주의 이데올로기는 견고하다. 그 까닭을 알려면 우리는 우선 능력주의가 두 얼굴을 갖고 있음을 알아야 한다. 능력주의는 공정사회라는 유토피아로 이르는 길인 동시에, 능력의 폭정이라는 디스토피아로 이르는 길이다. 능력주의의 두 얼굴을 분명하게 인식할 때 우리는 비로

소 개인의 능력이 제대로 인정받는 공정사회로 나아가는 길을 발견할 수 있다.

## 수단으로서의 능력주의와 엘리트 계급사회

자본주의 사회는 능력과 노력으로 시작했다. 시장은 능력대로 자원과 일자리를 배분하는 공정한 시스템이다. 능력 있는 사람은 자신의 노력에 대해 마땅한 보상을 받고, 능력 없는 사람은 자신이 받는 보상에 대해 불평할 이유가 없다. 능력주의가 공정하다는 인식이 이처럼 사회에 널리 퍼진 것은 계급적인 귀족사회에서 민주적인 시민사회로 전환되는 과정에 능력주의가 막강한 영향을 미쳤기 때문이다.

능력주의를 파악하려면 우리는 귀족 시대를 이해할 필요가 있다. 귀족은 자신이 가진 재산으로 여유롭게 살아갈 수 있는 계급이다. 귀족은 재산뿐만 아니라 특권도 세습한다. 이런 계급사회에서 나머지 사람들의 삶은 아무리 노력해도 좋아지지 않는다. 신분사회에서 귀족은 '귀족이기 때문에' 능력 있는 사람으로 존중받았고, 평민은 아무리 노력해도 능력 있는 귀족이 될 수 없었다. 귀족이라는 지위 자체가 무엇이 가치 있는 능력인지를 결정하는 권력이었다. 귀족은 능력을 규정하고 결정함으로써 자신의 특권을 유지했고, 이러한 특권 덕택에 능력 있는 계급이라는 평가를 받았다.

능력은 귀족이 자신의 특권을 유지하는 수단이다. 귀족이 아무리 많은 부와 권력을 가지고 있더라도 능력이 없다고 여겨지면, 귀족의 권력은 반란과 저항의 대상이 될 것이다. 설령 귀족이 실제로는 능력이 없더라도 나머지 사람들이 귀족의 능력을 믿으면, 귀족의 특권은 계속해서 유지될 것이다. 실제로 그렇든 아니든 능력 있는 사람이 지배해야 한다는 생각은 인류의 역사만큼이나 오래되었다. "유능한 사람이 정치에 참여하지 않을 때 받는 최대의 벌은 자신보다 열등한 사람의 지배를 받는 것"이라는 플라톤의 말은 고전적 능력주의를 대변한다. 동양의 공자도 덕이 뛰어나고 유능한 사람이 통치해야 한다는 데 동의했다. 고전적 능력주의가 능력에 '도덕적'이라는 수식어를 앞세우기는 했지만, 능력 있고 탁월한 자가 통치해야 한다는 생각은 인류문명의 공통 유전자처럼 계승되었다.

본래 탁월성 또는 최고를 의미하는 그리스어 단어 '아리스토스aristos'와 지배 또는 권력을 뜻하는 '크라토스kratos'의 합성어인 '귀족사회aristocracy'는 능력 있는 자의 지배를 당연한 것으로 여긴다. 이런 인식은 지금도 변하지 않았다. 그런데 귀족사회에서 능력과 노력은 서로 대립했다. 우리가 오늘날 한 쌍으로 묶어 거론하는 '능력'과 '노력'은 자연스러운 짝이 아니었다. 능력 있는 자는 노력하지 않았고 또 노력할 필요도 없었다. 반면에 노력하는 자는 능력 없는 자로 평가되었다.

부와 재산을 물려받은 귀족은 사치스럽고 호화로우며 한가한 생활을 영위했다. 권태와 오락이 상류사회의 문화적 특성으로 묘사될 정도로 귀족은 수천 년에 걸쳐 우아한 여가 활동을 즐긴 특권층이었다. 간단히 말해 귀족사회의 엘리트 계급은 노력과 근면을 존중은커녕 경멸했다. 귀족사회는 간단히 말해 능력과 노력으로 양분된 사회였다. 모든 계급의 삶은 선택이나 성취가 아닌 출생 당시의 운명으로 결정되었다.

신분사회가 붕괴한 것은 시장과 교육이 발전하면서 시민계급이 새롭게 출현했기 때문이었다. 새로운 지식과 기술에 개방적인 '교양시민$_{citoyen}$'과 상업을 통해 새로운 부를 축적한 '경제시민$_{bourgeois}$'의 출현은 능력과 노력의 관계를 뒤집어놓았다. 열심히 노력하기만 하면 능력을 얻고, 자신의 능력으로 이룬 성취에 대한 정당한 보상을 받을 수 있다는 현대적인 의미의 능력주의가 탄생한 것이다. 17세기 왕권과 대귀족에 반대하고 의회파를 지지한 존 로크$_{John\ Locke}$는 현대적인 의미의 능력주의를 선구적으로 제안한 대표적 인물이다. 그에 따르면 사람은 오직 자신의 노력으로 정당하게 획득한 것에 대해서만 정당한 소유권을 가진다. 이제 노력과 교육을 통해 얻은 능력은 새로운 부의 원천이 되었다.

현대 자본주의 사회에서 능력은 노력의 산물이다. 적어도 노력을 동반하지 않는 능력은 무가치한 것으로 여겨진다. 능력을 타고나서 '운 좋은 정자클럽'의 회원이 되었더라도 노력을 하지 않으면 성공할 수 없는 업적사회가 등장한 것이다. 반면에 좋은 가문과 환경에서 태어나지 않았더라도 열심히 노력하면 좋은 대학에 들어가고, 졸업 후에는 좋은 일자리를 얻어 높은 소득으로 상당한 부를 쌓을 수 있다. '능력$_{merit}$+노력$_{effort}$=성과$_{achievement}$'라는 명제는 능력주의의 공식이다.

출생은 사회적 지위를 결정하지 않는다. 우리의 사회적 지위는 전적으로 능력과 노력에 달려 있다. 삶이 우리 하기 나름일 따름이라면, 우리는 누구나 자기 운명의 주인이 될 수 있다. 신은 스스로 돕는 자를 돕는다는 말처럼 열심히 노력하면 통제할 수 없는 운명조차 우리 편이 될 수 있다. 능력주의는 이런 식으로 개인에게 무한 책임을 부여한다. 각자가 스스로 자신의 능력과 노력에 따라 필요한 것을 정당하게 얻어야 한다는 것이다.

이처럼 능력주의는 모든 개인의 능력과 노력을 존중하는 민주사회의 원리로 굳어졌다. 문제는 민주사회에서도 계급이 발생한다는 점이다. 오늘날 엘리트는 열심히 노력해 치열한 경쟁을 뚫고 그 자리에 오른 사람으로 인식된다. 귀족사회에서 경멸받던 근면과 노력이 능력주의 사회의 새로운 덕성이 되었다. 이제 엘리트 사회에서는 근면성이 높은 평가를 받고 한가한 삶은 경멸을 받는다. 요즘에는 사람들에게 어느 정도 열심히 일하냐고 물어보면 그들이 얼마만큼 부유한지를 알 수 있다. 엘리트 계급의 사람들을 만나면 우리는 "어떻게 지내시나요?"라고 묻는 대신에, 이미 알고 있다는 듯이 으레 "바쁘시지요?"라고 묻는다. 능력 있는 사람은 노력한 사람이라는 등식이 자연스럽게 전제된다.

그렇다면 공정에 민감한 90년대생은 능력주의를 어떻게 생각하는가? 폐쇄적인 귀족사회의 억압과 폭정에 저항한 시민계급이 능력주의를 대안으로 제시했던 것처럼, 90년대생은 그 폐해가 드러나고 있는 능력주의에 대한 대안을 모색하고 있는가? 우리는 공정을 외치는 청년세대의 목소리에서 능력주의에 대한 태도를 엿볼 수 있다. 2017년 한 취업포털이 대학생을 대상으로 한 설문조사에 따르면 '가장 중요한 가치는 무엇인가?'라는 질문에 '공정'이란 답변이 1위를 차지했다.

한국의 청년세대는 자격 없는 이들에게 기회가 돌아가는 일에 분노한다. 2018년 평창올림픽에서 '남북 여자 아이스하키 단일팀' 구성과 관련된 공정성 논란, 2020년 인천국제공항공사에서 비정규직 일부를 정규직으로 전환하는 일과 관련된 '인국공 사태', 2018년 '숙명여고 시험 유출' 사건, 2019년 조국 전 청와대 민정수석을 법무부장관 후보자로 지명하면서 시작된 '조국사태' 등은 모두 '정당한 자격'을 의심한다. 자격 있는 사람들에게 좋은 일자리를 주는 것은 공정하지만, 자격이 없는 사람들에게 기회를 주는 것은 공정하지 않다는 것이다.

누구에게 자격이 있는가? 자격은 어떻게 결정되는가? 고대에 플라톤과 아리스토텔레스가 제기했던 이와 같은 철학적 질문은 여전히 타당하다. 《공정하다는 착각》에서 마이클 샌델Michael Sandel이 인용한 사례에 의하면 "자격이 있다you deserve"는 말의 쓰임은 1970년에서 2008년 사이 세 배로 늘었다고 한다. 청년세대의 공정 담론은 기회를 받을 자격에 관한 담론이다. "나는 좋은 일자리를 얻을 자격이 있어." "나는 성공할 자격이 있어." "나는 부자가 될 자격이 있어." 이러한 '자격 담론'은 능력을 자격의 유일한 잣대로 고수한다. 능력을 사회적 상승의 절대적 수단으로 생각하는 한, 엘리트 계급의 독점을 정당화하는 능력주의 이데올로기는 깨질 수 없다.

완전한 능력주의의 디스토피아를 신랄하게 묘사한 마이클 영에 의하면, 능력주의는 엘리트와 대중이 동의할 때 강력한 이데올로기로 작동한다. "능력이 지배 원리가 돼야 한다는 데 하층 계급이 상층 계급과 뜻을 모은 만큼 선택의 수단을 트집 잡을 수 있을 뿐, 모든 사람이 신봉하는 기준 자체는 건드릴 수 없었다." 능력을 결정적인 요소로 보는 인식이 만연하면, 엘리트는 능력 있는 사람으로 존중받고 아무 능력도 없는 다수는 절망의 나락에 빠진다. 성공한 사람은 마땅히 받아야 할 노력의 대가를 받았을 뿐이라고 여기며 오만해지고, 실패한 사람은 능력이 없고 노력을 게을리했기 때문이라는 패배감에서 벗어나지 못한다. 승자에게 갈채하고 패자를 조롱하는 태도가 당연해지면, 패자 스스로 자신을 조롱한다. 신분상승의 수단인 동시에 현상을 유지하는 수단으로 사용되는 능력주의는 결국 인간의 존엄을 빼앗는다.

## 목적으로서의 능력주의와 민주적 공정사회

오늘날 능력주의는 사회적 상승의 수단으로 여겨지지만, 그것은 사실 우리가 추구해야 할 바람직한 사회의 목적과 훨씬 더 관련이 깊다. 존 롤스는 《정의론》에서 이상적인 사회란 '질서정연한 사회 well-ordered society'라고 썼다. 질서정연하다는 것은 먼저 다른 사람도 모두 동일한 정의의 원칙을 받아들인다는 점을 모든 이가 인정하고 있고, 다음으로 사회의 기본제도가 이러한 원칙을 충족시키고 있다는 것을 의미한다. 간단히 말하면 사회의 주요 제도가 권리와 의무를 배분하고 사회 협동체로부터 생긴 이익의 분배 방식이 정의로운 사회가 이상적인 사회다.

능력주의가 사회적 협동을 통해 생긴 이익을 분배하는 방식과 연관되어 있다면, 이는 곧 시민들이 자발적으로 협력해 이익을 얻는 사회가 합리적이고 공정한 사회임을 뜻한다. 이익의 분배가 모든 사람의 필요에 부합할 뿐만 아니라 그 사회에 가담하는 모든 사람의 자발적인 협력을 이끌어내는 사회는 분명 공정한 사회일 것이다. 이런 점에서 우리가 추구해야 할 목적으로서의 능력주의는 민주적 공정사회를 지향한다.

목적으로서의 능력주의를 가장 잘 포착한 사람은 다름 아닌 카를 마르크스Karl Marx다. 그는 1891년 출간된 《고타강령비판》에서 능력주의를 매우 간단한 명제로 표현하였다. "모든 사람은 자신의 능력에 따라, 모든 사람에게는 자신의 욕구에 따라!Jeder nach seinen

Fähigkeiten, jedem nach seinen Bedürfnissen! "우리는 이 문장에서 생략된 동사를 충분히 상상할 수 있다. 마르크스는 스스로 단서를 제공한다. "공산주의 사회의 더 높은 단계에서는 개인들이 분업에 노예적으로 종속되는 것이 사라지는 동시에 정신노동과 육체노동의 대립도 사라진다. 노동은 삶의 수단일 뿐만 아니라 그 자체로 삶의 제일 욕구가 된다. 개인들이 다방면으로 발전함으로써 그들의 생산력 또한 향상되고, 조합 공동체의 부의 모든 원천도 가득 흘러넘친다." 사람들이 능력에 따라 분배되기를 원하는 것은 '노동'이고, 필요와 욕구에 따라 분배되기를 원하는 것은 '생활수단'이다. 사람들의 기본적인 욕구가 충족되고 능력에 따라 일할 수 있는 사회가 바람직한 이상사회가 아니고 무엇이겠는가?

공정을 외치는 청년세대의 목소리에도 목적으로서의 능력주의가 함께 울려 퍼진다. 청년세대는 차이를 부정하는 것이 아니라 일할 수 있는 기회가 공정하게 주어지기를 원할 뿐이다. 청년세대는 공정을 '기회균등'으로 이해한다. 그것은 재능이 있으면 출세할 수 있다는 결과주의적 능력주의와는 다르다. 설령 나의 능력이 성공과 출세를 가져오지 않더라도, 능력을 발휘할 기회는 공정하게 주어져야 한다는 입장이 '목적으로서의 공정한 능력주의'다.

물론 공정한 능력주의는 사회적 협동의 산물인 이익의 분배에도 적용된다. 케이크를 나눌 때 적용할 수 있는 공정한 분할을 생각해보자. 어떤 사람이 케이크를 자르고 다른 사람들이 그보다 먼저 케이크를 집어 가게 한 후, 그가 마지막에 남은 조각을 갖는 것이 공정한 해결책이다. 이 경우 그는 케이크를 가능한 한 똑같은 크기로 자를 것이다. 그렇게 해야만 자신에게도 가능한 최대의 몫이 보장되기 때문이다. 간단히 말하면 얼핏 불평등을 초래하는 것처럼 보이더라도 모든 사람에게 이익이 돌아가는 분배방식이 가장 공정하다는 것이다.

그런데 케이크를 자르는 사람이 가장 커다란 몫을 챙긴 후에 나머지 사람들은 남은 몫만 나눠 가지라고 한다면 무슨 일이 벌어지겠는가? 모든 사람에게 균등한 기회가 주어지지 않을 뿐만 아니라 어떤 결과가 정의로운지를 결정하는 독립적인 기준과 결과를 보장하는 절차조차 없는 사회는 '불공정사회'다. 기회균등을 강조하기 위해 출발선을 똑같이 맞춰야 한다든가 기울어진 운동장을 평평하게 펴야 한다는 비유가 사용되지만, 사람들은 출발선의 차이를 당연한 것으로 생각한다. "우리가 사회에서 우리의 최초 출발의 위치에 대해 응분의 자격을 갖는 것이 아니듯이, 천부적 자질의 배분에서 우리의 위치에 대해 역시 응분의 자격을 갖는 것은 아니다." 이런 롤스의 말이 조롱거리가 되는 사회가 바로 불공정사회다.

사회적 지위와 자원을 대물림하는 귀족사회는 서로 다른 출발선을 당연하게 여기는 사회였다. 엘리트가 지배하는 현대적 귀족사회의 삶은 부모로부터 출발선을 물려받는 '릴레이 경주'와 같다. 부모에게 엄청난 격차를 물려받은 세대는 다른 사람들과 더 많은 격차를 벌리며 다음 세대에게 배턴을 넘겨주기 위한 경주에 돌입한다. 이 릴레이 경주에서 부유한 부모를 둔 금수저는 처음부터 결승점 근처에서 출발하는 반면, 가난한 부모를 둔 흙수저는 다른 사람들보다 한참 뒤에서 출발한다. 후발주자가 아무리 뛰어나더라도 부모로부터 특혜를 물려받은 사람들을 추월할 수는 없다. 오늘날 문화자본과 사회자본이라는 말로 위장된 '세습자본'은 경주가 시작되기 이전에 이미 삶의 기회를 결정한다. 인생의 출발선이 부모의 사회경제적 계층과 지위로 결정되는 상속 시스템은 처음부터 기회균등을 불가능하게 만든다.

개인의 '능력적 요인'보다 상속과 같은 '비능력적 요인'이 훨씬 큰 현대사회에서 한 번 외부자는 영원한 외부자다. 성 밖 사람은 결코 성안으로 들어가지 못하고, 한 번 실패한 사람에게는 두 번의 기회가 주어지지 않는다. 자신의 특권과 자본을 자식에게 물려주는 엘리트 집단은 '인싸insider'라 불리는 '내부자'가 되고, 열심히 노력하는 것 외에는 가진 것 없는 나머지 집단은 '아싸outsider'라 불리는 '외부자'가 된다.

좋은 직업은 인싸와 아싸를 구별하는 높고 두꺼운 장벽이 된다. 비교적 안정적이고 고소득을 보장하는 양질의 일자리는 결코 모든 사람에게 열려 있지 않다. 1차 노동시장에 속하는 300인 이상 기업의 취업자가 전체 취업자에서 차지하는 비율은 대략 20%대다. 2016년 통계에 의하면 300인 미만 중소기업에 취업하는 사람의 비중은 77.8%이고, 300인 이상 기업 취업자는 22.2%다. 2010년 이후 노동시장에 진입한 청년세대는 이전과 비교해 대기업 일자리가 조금씩 줄어드는 상황에서 취업 경쟁을 해야만 한다. 일자리는 소득 불평등으로 이어진다. 급여가 가장 높은 집단인 재벌 기업 정규직과 가장 낮은 집단인 중소기업 비정규직의 차이는 2.2배에 달한다. 소득 불평등에 기반한 자산 불평등은 시간이 갈수록 더욱 악화된다. 첫 일자리로 신분이 결정되는 것이다. 상황이 이러니 청년세대가 첫 일자리의 기회균등을 요구하는 것도 당연하다.

성안에서 살 것인지 성 밖에서 살 것인지를 결정하는 관문은 교육이다. 명문대라 불리는 상위권 대학의 진학 여부에 따라 취업 경로가 달라지기 때문이다. 철저하게 서열화된 대학 풍토에서 취업률은 명문대에서 수도권 대학 그리고 지방대학으로 갈수록 낮아진다. 소위 SKY로 불리는 명문대학은 좋은 일자리를 독점한다. 관직의 경우 명문대 출신의 집중 현상은 더욱 두드러진다. 2014년 통계에 의하면 신규임용 법관의 경우 서울대 출신이 660명 중 340명으로 51.5%를 차지했고, SKY 3개 대학을 합하면 무려 79.9%에 달한다. '20 대 80 사회'라는 공식에 맞추기라도 하려는 듯이 우리 사회는 세습 엘리트 계급과 나머지 사회라는 극단으로 양극화되어 있다.

교육은 이제 사회적 지위의 세습수단이 되었다. 자식이 좋은 교육을 받는 것이야말로 최대의 유산이라는 인식이 점점 더 굳어지고 있다. 능력주의의 온상인 명문대는 엘리트 계급의 특권을 세습하는 수단이 되었다. 통계에 문외한이더라도 가족의 소득 사다리가 높아질수록 자녀의 수능 점수도 올라간다는 사실은 알고 있다. 가난하더라도 열심히 노력하면 명문대에 입학할 수 있다는 말은 이미 옛말이다. 이런 상황에서 '돈도 실력'이라는 말이 나온 것이다. 이 말은 능력주의의 전제조건인 기회균등이 이미 파괴되었음을 보여준다. 돈도 실력인 불공정사회는 근본적으로 기회를 박탈함으로써 목적으로서의 능력주의를 배신한다.

## 올바른 능력주의는 실현될 수 있는가

이제 누구나 노력하면 성공할 수 있다는 꿈을 믿기 위해서는 정말로 잠이 들어야 할지도 모른다. 개천이 말라버리고 계층상승의 사다리가 치워진 사회에서, 능력주의는 오직 엘리트 계급의 특권을 정당화하는 알리바이일 뿐이다. 세대가 바뀌면 가진 자와 못 가진 자의 위치가 바뀌는 일이 일어나야 하는데, 사회적 이동은 좀처럼 일어나지 않는다. 겉으로는 상당히 역동적인 현대 자본주의 사회는 계층이동이 이미 정체되었다는 사실을 화려한 외관 속에 은폐하고 있는지도 모른다. 극소수의 가난한 집 자식들만 부를 얻고 성공하며 소수의 부잣집 자식들만 상위 중산층 이하로 떨어진다면, 능력주의 사회의 계급구조는 공고해질 수밖에 없다.

오늘날 능력주의의 역설은 사회적 지위의 획득 수단이 기득권의 세습 수단으로 변질됐다는 데 있다. 개인의 관점에서 능력주의는 여전히 강력한 신분상승 수단이다. 열심히 노력하면 좋은 대학에 진학하고, 졸업 후 능력을 인정받으면 좋은 일자리를 얻으며,

노력과 능력에 따라 좋은 성과를 내면 마땅한 보상을 받는다는 것이 능력주의 이데올로기다. 그런데 노력밖에 할 게 없는 사람은 처음부터 능력이 없는 사람으로 평가받는다. 이러한 현상이 굳어지면 보통 사람들은 스스로를 열등하다고 생각한다. 자신이 선별된 엘리트만큼의 부와 권력을 가질 자격이 부족하다고 생각하는 순간, 능력주의는 우리의 믿음을 배신한다. 능력주의를 신봉할수록 우리는 자신의 무능력을 한탄하고 경멸한다.

그렇다면 능력주의는 제대로 작동할 수 없는 것인가? 고대의 귀족주의 정치에서 현대의 능력주의 정치에 이르기까지 능력에 대한 믿음은 확고한 것처럼 보인다. 능력주의의 폐해를 인정하면서도 그것을 버리지 못하는 것도 이 때문이다. 우리는 현대사회에서 엘리트 계급이 형성되는 것을 능력주의의 부작용 정도로 쉽게 치부한다. 그러나 능력주의의 부작용을 제거하고 그것이 올바로 작동하기를 바라는 사람도 많다.

여기서 우리는 일단 올바른 능력주의에 관해 합의해야 한다. 능력주의는 한편으로 능력 있고 탁월한 사람이 정치를 해야 한다는 점에서 귀족주의의 기본 입장에 동의한다. 물론 능력주의는 태생에 따른 사회적 지위와 자원이 세습되는 것에 반대한다. 올바른 능력주의는 '능력주의=귀족주의-특권 세습'이라는 간단한 공식으로 표현될 수 있다. 현대 자본주의 사회에서 능력은 부를 창출하고 또 부는 능력을 만들어내기 때문에, 타락한 능력주의는 '금권정치plutocracy'라고 해도 과언이 아니다. 이렇게 보면 올바른 능력주의는 금권정치를 배제한 귀족주의라고 할 수 있다. 올바른 능력주의는 부와 권력이 세습되지 않는 범위에서 개인에게 능력에 따라 기회를 부여하는 공정의 원칙이다.

이렇게 공정한 능력주의 사회를 실현하려면 우리는 가능한 개인의 능력적 요소를 강화하고 비능력적 요소를 약화시키는 정책을 추구해야 한다. 비능력적 요소란 우리의 능력과 관계없이 '우연히' 주어지는 조건을 말한다. 어떤 사람은 부유한 집에서 태어나고 어떤 사람은 가난한 부모 밑에서 성장한다. 이와 같은 출신 계급은 '사회적 우연성'이다. 그렇다면 출신 계급과 상관없이 모든 사람에게 기회가 평등하게 주어져야 한다. 물론 개인의 재능과 장애는 타고난 유전자에 따라서도 다르다. 모든 사람이 인간다운 삶을 살 수 있도록 이러한 '자연적 우연성'을 보완하는 정책이 있어야 한다. 끝으로 우리는 질병과 사고, 재난과 같은 불운을 겪을 수 있다. 이러한 '운명적 우연성'의 영향을 줄이려는 제도에 동의하는 사회가 비교적 공정한 사회일 것이다.

우연으로 결정되는 비능력적 요소의 영향을 줄이고 개인의 능력적 요소에 초점을 맞추면, 우리는 합리적으로 작동하는 올바른 능력주의를 경험할 수 있다. 올바른 능력주의는 마르크스의 이상처럼 능력에 따라 일하고 필요에 따라 자원이 주어지는 사회를 꿈꾼다.

물론 저마다 능력도 다르고, 충족해야 할 욕구에도 차이가 있다. 따라서 올바른 능력주의는 가치의 다원성을 전제한다. 모든 사람의 능력을 하나의 잣대로 평가하는 사회에서는 어떤 형식으로든 능력 있는 사람과 능력 없는 사람이 갈라지게 마련이다. 그러나 사회가 인정하고 존중하는 가치가 다양하다면 상황은 달라진다. 공부를 잘한다고 해서 반드시 리더십이 뛰어난 것은 아니고, 사람을 잘 이끈다고 해서 반드시 일을 처리하는 능력도 탁월한 것은 아니다. 가치가 다양하다는 사실을 인정하면 우리는 능력을 평가하는 기준도 다를 수 있음을 받아들인다. 그런데 시험이 사회적 출세의 가장 중요한 수단이 되면 능력 평가의 기준도 획일화된다.

인생의 출발선이 시험으로 결정되는 사회에서 가치의 다원성을 주장하는 것만큼 공허하게 들리는 말도 없을 것이다. 그렇기 때문에 사회의 다원화만큼 중요한 것이 계급의 수평화다. 정규직과 비정규직, 대기업과 중소기업의 소득 차이가 크지 않다면, 우리는 자신의 가치와 필요에 따라 직업을 선택할 수 있다. 물론 그런다고 능력에 따른 경쟁 자체가 사라지는 것은 아니지만, 선택의 폭은 넓어지고 기회도 많아질 것이다.

그렇다면 올바른 능력주의를 실현하기 위한 가장 핵심적인 전제조건은 안정적인 일자리일 것이다. 노동이 모든 부와 문화의 원천이라는 믿음은 능력주의만큼이나 공고하다. 번듯한 일자리란 저마다 능력을 발휘하고 욕구를 충족시킬 수 있는 일자리를 가리킨다. '고용 없는 성장'이라는 말이 공공연히 거론될 정도로 좋은 일자리는 점점 더 줄어들고 있다. 부의 증대를 의미하는 '성장'이 아니라 모든 사람에게 마땅한 일자리를 제공하는 '고용'이 문제다.

고용 문제가 해결되지 않으면 기회균등을 요구하는 공정의 목소리는 잦아들지 않을 것이다. 어떤 사람은 부모가 가진 부와 영향력 덕분에 좋은 일자리를 얻는데 어떤 사람은 아무리 노력해도 일자리를 얻지 못하고 불안정하게 살아간다면 양극화 사회도 고착될 것이다. 좋은 일자리가 많아질수록 사회는 평등해지고 다양해진다. 내가 모르는 영역에서는 나보다 뛰어나거나 나와 맞먹는 지혜를 가진 사람들이 있음을 안다면, 우리는 약자와 열등한 자를 조금 더 존중하는 마음으로 대할 수 있을 것이다.

'바보야, 문제는 일자리야!' 이러한 인식에 도달하려면 우리는 능력주의의 두 얼굴을 제대로 파악해야 한다. 우리가 능력주의를 계층상승의 수단으로 생각해 집착할수록 좋은 일자리는 오직 상류층에게만 주어지고, 나머지 사람들에게는 능력 없는 사람이라는 낙인만 찍힌다. 반면 모든 사람이 능력에 따라 일할 기회를 제공한다는 목적으로서의 능력주의는 일자리의 창출과 보장에 초점을 맞춤으로써 우리를 보다 평등한 사회로 이끈다.

우리는 새롭게 부상하는 엘리트 세습사회에 비판의 눈길을 보내야 한다. 엘리트들이 능력주의를 목적으로 생각하기보다 수단으로 사용하고 있는 것은 아닌지 의심해야 한다. 지금의 능력주의에는 능력만이 계층상승을 정당화한다는 허구를 보통 사람들에게 심으면서 엘리트들의 특권을 정당화하는 이데올로기가 들어 있기 때문이다. 능력주의 디스토피아를 경고하는 마이클 영의 말은 여전히 타당하다. "권력은 부패하기 마련이다. 따라서 좋은 사회의 비밀 중 하나는 언제나 권력을 비판에 열어두는 데 있다. 좋은 사회는 권력뿐 아니라 반란을 위해서도 동력을 제공해야 한다."

# 02

# 세대-연공-인구 착종이
# 낳은 기득권

한국의 노동시장 불평등은
어디서 유래하는가?

_이철승

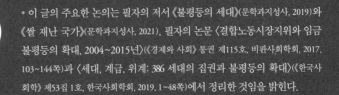

* 이 글의 주요한 논의는 필자의 저서 《불평등의 세대》(문학과지성사, 2019)와 《쌀 재난 국가》(문학과지성사, 2021), 필자의 논문 〈결합노동시장지위와 임금 불평등의 확대, 2004~2015년〉(《경제와 사회》 통권 제115호, 비판사회학회, 2017, 103~144쪽)과 〈세대, 계급, 위계: 386 세대의 집권과 불평등의 확대〉(《한국사회학》 제53집 1호, 한국사회학회, 2019, 1~48쪽)에서 정리한 것임을 밝힌다.

베이비부머들이 물러가면 이 모든 세대-연공-인구 착종 문제도 해소될까? 그렇지 않다. 이들이 노동시장에서 사라지더라도 이들이 구축해놓은 정규직 위주의 연공 시스템은 그대로 남을 것이다. 그리고 다음 세대 또한 가파른 연공제 사다리가 부여하는 상층 정규직의 수혜를 누리기 위해 극심한 경쟁에 뛰어들 것이다. 따라서 연공제를 중심으로 확대된 불평등의 구조는 다음 세대에도, 또 그다음 세대에도 반복될 것이고 심지어는 더욱 악화될 것이다.

## 세대, 연공, 인구는 어떻게 만나는가

청년실업 증대, 비정규직 증대, 여성 차별 등 오늘날 한국사회의 고질적인 노동시장 불평등 문제는 어디서 유래하고 그 해결책은 무엇인가? 나는 이 글에서 노동시장 불평등이 연공제를 중심으로 세대 네트워크와 인구 구조가 착종된 결과임을 밝히려 한다. 나아가 386세대의 지식인 네트워크와 노동조합의 '전투적 조합주의', '한국형 패턴교섭' 그리고 '연공제 고수 전략'이 한국 노동시장의 각종 불평등을 초래하는 주요 요인임을 주장한다. 마지막으로 나는 세대 네트워크-연공 임금제-인구 구조(이하 '세대-연공-인구')의 착종으로 인한 동시대 노동시장의 불평등 구조의 희생자가 청년, 비정규직, 여성이며 이들을 대상으로 하는 포퓰리즘 정치가 발흥할 가능성이 있음을 이야기하고자 한다.

착종錯綜이란 두 가지 이상의 요인이 얽혀 복합적인 인과 메커니즘을 통해 결과변수에 한층 강화된 영향을 끼치는 현상을 가리킨다. 나는 이 글에서 세 가지 요인에 주목했다. 하나가 주체적 운동의 동학(세대 네트워크)이라면, 다른 하나는 제도의 존속과 강화(연공제)이고, 마지막은 거대 구조의 변동(인구 구조)이다.

흔히 한국의 극도로 경직되고 이중화된 노동시장의 원인으로 기업규모(대기업 대 중소기업), 고용형태(정규직 대 비정규직) 그리고 대기업 위주로 조직된 노동조합의 활동을 든다. 이러한 요인은 개별 노동자가 노동시장에서 처한 위치와 고용의 안정성, 임금 수준을 예측하기에 좋은 변수이지만, 그 자체로 노동시장 불평등을 초래하는 이중화/분절의 구조가 어디서 유래하는지를 설명해주지는 않는다.

세대-연공-인구 착종론은 이러한 노동시장의 이중화/분절 구조의 유래와 오늘날 청년실업, 비정규직과 아웃소싱 증대, 젠더불평등을 설명하는 이론적 틀이다. 이 이론의 가장 주요한 축은 연공제다. 연공 임금제(호봉제)는 노동자의 근속년수에 비례해 임금을 올려주는 호봉 시스템이다. 일본에서 처음 탄생한 것으로 알려져 있지만, 서구의 기업연금에도 연공성의 요소가 포함되어 있기에 제도의 기원을 특정하기는 쉽지 않다. 다만 오늘날 일본과 한국 자본주의 생산과 인사 시스템의 주요한 구성요소로 자리매김되어 있음은 명확하다. 한국노동연구원 사업체 패널의 2015년과 2017년 데이터에 따르면 일본과 한국의 많은 기업(60~90%)과 관료제 조직이 연공제와 다른 임금 제도가 혼합된 형태 또는 연공제만을 임금 산정의 주요 원리로 채택했다.

한국의 노동시장을 오랫동안 지배해온 연공 임금제의 기원을 밝혀주는 연구는 거의 존재하지 않지만, 한 가지 가정은 해볼 수 있다. 동아시아 유교 문화에서 연장자를 우대하는 도덕적 규준이 기업의 인사 시스템으로 자연스럽게 자리 잡았다고 보는 것이다. 다시 말해 기업에 더 오래 머무른, 더 오래 기여한 사람에게 더 많은 보상을 해줌으로써 기업 내 위계와 지휘 체계를 명확히 하는 과정에서 연공제가 자연스럽게 뿌리내렸다고 볼 수 있다. 곧 자본주의의 태동 과정에서 기업들이 직무급, 직능급, 연공급 등 여러 가지 임금체계를 시험해봤지만, 연공급이 한국 기업과 관료제의 하위문화에 가장 적합했기 때문에 살아남았다고 보는 것이다.

이러한 연공급은 동아시아 4개국(한국, 일본, 중국, 대만)에서 자본주의가 태동할 때 모두 존재했다. 하지만 중국과 대만에서는 일부 공기업과 대기업을 제외하고는 대부분의 기업이 1990년대 이후 직무급으로 임금체계를 급속히 바꾼 데 반해, 일본과 한국의 기업들은 대부분 연공급을 유지하고 있다. 그나마 일본에서는 직무급과 혼합된 역할급으로 이행이 확인되고 있지만, 한국에서 연공급은 공무원 조직과 공기업 그리고 사기업의 모든 산업과 영역에서 끈질기게 명맥을 유지하고 있다. 한국 사업체 패널에 기반할 때, 2015년까지 전체 조사 대상 기업의 60%가 연공급을 주요한 임금체계로 유지하고 있었고 90%가 연공급적 요소를 임금체계에 포함하고 있었다.

필자의 이론틀을 적용하면, 한국과 일본으로 대표되는 동북아시아형(낮은 수준의 벼농사 적합 기후와 지형) 벼농사 체제는 '위계적이고 이동성이 극도로 낮은 조직 문화'를 진화시켰고, 연공제는 이러한 위계적 조직 문화와 친화적인 '나이에 기반한 서열적 임금체제'로서 두 나라 기업과 관료제 조직의 중추제도로 자리매김했다고 볼 수 있다. 사회과학의 클리셰를 쓰자면 동북아시아 벼농사 체제와 연공제의 '선택적 친화성elective affinity'이 존재한다고 보는 것이다.

연공제가 없어지지 않는 데는 나름의 이유가 있다. 연공제는 한국 기업의 성장에 견인차 역할을 했다. 같은 연배끼리 얼추 같은 임금을 받는 평등주의와 연차가 쌓이면 자연스럽게 임금이 오르고 자녀의 성장과 함께 상승하는 생활비를 감당할 수 있는 연공제 속에서, 한국의 노동자들은 기업의 지도자들이 내건 조직목표에 인생을 바쳐 일했다. 연공제의 '지연된 보상' 원리는 일본 자본주의 초기에 극심했고 오늘날 한국의 IT 산업에서 비일비재한 '기업 간 인재 빼앗기poaching' 경쟁을 완화시키고, 기업으로 하여금 충실하게 내부의 인적자원을 길러낼 수 있는 시간을 확보해주었다. 또한 노동자에게는 안정된 고용과 장기적인 보상 원리에 따라 기업의 장기투자 목표에 자발적으로 헌신할 유인을 제공했다. 노동자들은 연공제가 제공하는 나이에 기반한 위계의 사다리에 손쉽게, 별다른 이의 없이 '동의'했던 것이다.

문제는 1980년대 후반부터 2000년대 후반까지 전성기를 구가한 노동운동의 역할이었다. 386세대 지식인들의 하방운동을 통해 대규모 제조업 사업장을 중심으로 조직된 전투적 노동운동은 혁명의 꿈이 사그라든 후에는 자본가에게서 더 많은 몫을 노동으로 가져오는 것을 목표로 한 전투적 경제주의로 변모했다. 노동운동이 황금기를 맞은 약 20년 동안 한국 대기업의 임금은 세계 최고 수준으로 상승했고, 그 결과 연공제 아래 임금 테이블의 기울기도 가파르게 올라갔다. 한 연구에 따르면, 500인 이상 한국의 대기업 노동자들은 미국, 일본, 프랑스의 대기업 노동자에 비해 각각 28.7%, 49.5%, 16.4% 더 높은 임금을 받았고, 1~4인을 고용하는 영세중소기업 노동자들은 미국의 절반, 일본의 75%밖에 안되는 임금을 받았다. 또한 한국의 10인 이상 고용기업의 경우, 1년차 노동자에 비해 30년차 노동자는 3.3배의 임금을 받아 그 배율이 전 세계 1위였다. 이에 비해 핀란드의 30년차 노동자는 1.2배, 유럽연합EU 15개 회원국의 노동자는 1.7배에 불과한 임금을 받았다.

이렇게 연공제 아래에서 임금 테이블의 기울기가 올라간 데에는 내가 '세대 네트워크'라 명명한, 너무나 잘 싸운 노동조합과 그에 연계된 지식인 운동·정당 체제가 자리 잡고 있다. 1980년대 이후 대기업 작업장을 중심으로 기업별 노조가 서로 임금의 상승률과 수준을 카피하는 '한국형 패턴교섭'이 일반화되었다. 그러면서 대기업 정규직은 1990년대부터 2010년대까지 세계적으로 유례가 없는 기록적인 호봉 상승률을 누릴 수 있었다. 현대자동차가 임금을 올리면 태화강 너머 SK 가스도 임금을 맞춰 올리고, 현대그룹과 울산 지역 그리고 결국에는 전국의 모든 대규모 작업장이 그 임금 상승률을 카피하는 관행이 생산직뿐 아니라 사무직까지 퍼졌다. 더불어민주당과 정의당, 시민운동단체에 자리 잡은 친노동 지식인 네트워크는 이러한 노동조합의 임금상승 투쟁을 측면에서 지원하거나 묵인했다. 자본으로부터 노동의 '몫'을 찾는 투쟁은 그 자체로 진보의 정의로운 과제였고, 이러한 투쟁에 이의를 제기하는 목소리는 '자본의 이데올로그' 또는 '내부총질'이라는 논리에 묻힐 수밖에 없었다.

세대-연공-인구 착종이 노동시장에 가한 마지막 충격은 인구구조에서 비롯한다. 1차(1958~1963년생)와 2차 베이비부머 (1970~1974년생)는 2010년대와 2020년대에 걸쳐 세대 네트워크와 연공제의 착종으로 인해 가파르게 상승한 임금 테이블의 맨 꼭대 기까지 타고 올라왔다. 이러한 베이비부머의 과잉점유로 인해 오 늘날 기업조직은 상층이 두껍고 하층은 얇은 인력구조를 가지게 되었다. 이들에 대한 비용을 감당하기 위해 청년고용을 줄이고 비 정규직을 늘리며 외주와 하청을 늘릴 수밖에 없었다. 세계시장이 라는 선택지가 있는 글로벌 기업들은 더 큰 시장과 그 주변의 더 싼 노동력 공급지를 찾아 공장을 이전했다. 이 기간 동안 500인 이 상 대규모 사업장에서 전체 매출 대비 인건비가 차지하는 비중은 6.6%에서 13%로 평균 두 배 가까이 증가했고, 임금 테이블의 기 울기가 가파르고 50대 이상 노동자의 비중이 높은 기업일수록 청 년고용을 더욱 급격히 줄였다.

요약하면, 1차 베이비부머의 50대 진입이 시작되면서 기존의 연공-세대 착종은 연공-세대-인구 착종으로 확장되었으며, 이러 한 제도-운동-구조의 착종은 두 차례 금융위기를 거치며 2010년 대에는 기업에 비용 위기를 야기했다. 기업들은 이에 청년고용 축 소, 비정규직과 아웃소싱 증대, 자본탈출로 대응했다. 또한 2010년 대 들어서 자본과 정규직 노동은 신규채용과 훈련비용을 줄이고, 기존 인력을 최대한 활용하며, 내부자의 이익을 극대화하는 인력 운영방침에 합의함으로써, 양질의 좋은 일자리 공급은 지속적으 로 축소될 수밖에 없었다. 2차 베이비부머의 50대 진입이 시작된

2020년대 초, 청년 노동시장에서 일자리의 양과 질의 위기는 갈수록 악화되고 있다. 1차 베이비부머의 정년을 앞두고 60세로 연장되었던(2014년) 정년은 이들이 정년이 도달하자 다시금 65세로 연장이 논의되고 있다. 기업들은 8,000만 원에서 1억 5,000만 원에 이르는 상층 노동시장 베이비부머의 연봉을 5년 더 감당하기 위해 젊은 세대와 비정규직에게 돌아갈 몫을 동결하거나 줄일 수밖에 없다.

결국 상층 대기업 정규직을 중심으로 조직된 노조의 전투적 경제주의와 연공제 그리고 인구구조의 맞물림이 노동시장 상위 20%와 하위 80% 노동자의 임금 불평등을 확대하는 주요 메커니즘이라는 것이다. 연공제는 자본이 소개했지만 1987년 이후 노동이 움켜쥔 제도로 바뀌었다. 베이비붐 세대는 기업 내부와 외부에 강력한 권력자원과 세대 네트워크를 구축함으로써 연공제 상층에 과대 대표됐고 장기 생존했다. 이들의 조직 상층 장기 점유와 고임금이 청년층에게는 저임금과 비정규직 일자리의 증대로 돌아온 것이다. 서울연구원 도시사회연구실의 자료에 따르면 2020년 500대 대기업에서 20대 비중은 1999년 31.2%에서 2019년 19%로 감소했다. 같은 기간 40대와 50대는 1999년 27%에서 2019년 44%로 증가했다. 연공제를 껴안고 사다리를 걷어찬 중장년층과 사다리 없이 천장만 올려다보는 청년층이 제한된 예산을 두고 제로섬 게임을 벌이는 형국이다.

장년층이 더 많은 일자리와 소득을 점유함으로써 청년층에게 발생하는 또 다른 문제는 청년층 내부에서 불평등이 커지는 현상이다. 젊은 세대에 돌아가는 좋은 일자리의 수가 줄어듦에 따라, 청년층 내부에서 소수의 정규직 일자리를 두고 극심한 경쟁이 벌어지고 있다. 청년층이 양질의 일자리를 차지한 자들과 비정규직 및 임시직에 머무는 자들로 분화가 이뤄지고 있고, 내부의 계층화도 급속히 진전되고 있다. 내가 전작《불평등의 세대》에서 주장한 대로, 세대 간 불평등의 증가가 세대 내 불평등의 증가로 전이되는 것이다.

베이비부머들이 물러가면 이 모든 세대-연공-인구 착종 문제도 해소될까? 그렇지 않다. 이들이 노동시장에서 사라지더라도 이들이 구축해놓은 정규직 위주의 연공 시스템은 그대로 남을 것이다. 그리고 다음 세대 또한 가파른 연공제 사다리가 부여하는 상층 정규직의 수혜를 누리기 위해 극심한 경쟁에 뛰어들 것이다. 따라서 연공제를 중심으로 확대된 불평등의 구조는 다음 세대에도, 또 그다음 세대에도 반복될 것이고 심지어는 더욱 악화될 것이다.


## 세대 간 불평등이 낳은 청년세대 내 젠더 갈등

세대-연공-인구 착종 현상과 그로 인한 노동시장의 불평등 구조가 가져온 부산물 중 하나는 청년층 내 젠더 갈등이다. 동시대 젠더 갈등의 요인은 여러 가지이지만, 나는 일자리의 양과 질의 악화가 밑바탕에 깔려 있다고 본다. 나는 《불평등의 세대》에서 여성이 이미 청년층 내 상층 노동시장 취직자의 절반에 육박할 정도로 늘어났음을 보였다. 2015년 상층 노동시장에서 20대 후반 여성의 비중은 47.5%에 이르러, 취직 시점 점유율에서 남성과의 차이는 사실상 없어졌다. 물론 이들이 상층 노동시장에서 10년 또는 20년 뒤에 얼마나 살아남을지는 별개의 문제다. 또한 이들의 임금이 나이나 교육 같은 인구학적 변수를 통제한 뒤에도 동년배 남성에 비해 여전히 낮고 심지어는 중층 남성보다도 낮다고 보고되기 때문에, 노동시장의 성차별 해소는 갈 길이 먼 과제다.

그럼에도 불구하고 얼마 되지 않는 좋은 일자리를 둘러싼 경쟁에서 탈락하는 비율이 늘어난 청년 남성의 상당수(이하 '청년 남성')는 동년배 여성뿐 아니라 가정과 노동시장에서 성평등을 추구하는 제도와 그 제도를 만들어낸 페미니즘 세력 및 86세대 정치권에 분노를 표출한다. 여성고용할당제에 대한 청년 남성들의 반발이 좋은 예다. 이는 청년 남성들이 아버지와 삼촌과 형이 누렸던 혜택을 맛도 못 본 채 구직 대열에 오랫동안 서 있었기 때문이다. 청년 남성의 좌절은 좋은 일자리 수가 절대적으로 부족한데 예전보다 더 공격적으로, 더 높은 스펙으로 취업시장에서 경쟁자로 등장한 여성들로 인해 구직에서 탈락하는 비율이 높아짐에 따라 비롯되는 구조적인 것이다. 따라서 줄어든 정규직 일자리를 두고 벌어지는 극심한 경쟁을 완화시키지 않고서는 이 문제를 제대로 해결할 수 없다. 세대-연공-인구의 착종 문제, 특히 그 제도적 연결고

리인 연공제를 개혁함으로써 청년 노동시장에 더 많은 일자리와 더 좋은 일자리를 공급해야 청년 남성들의 '구조적 좌절'이 어느 정도라도 해소될 수 있을 것이다.

청년 여성들의 좌절은 청년 남성들과는 또 다른 차원에 놓여 있다. 이들은 종종 남성 못지않은 스펙을 갖췄음에도 불구하고, 남성이 지배하는 인사 시스템의 승진과 선발 과정에서 소외된 경험이 있다. 또한 상층 노동시장의 진입에 성공하는 청년 여성의 비율은 늘고 있지만, 출산과 육아로 인한 승진 경쟁 탈락, 경력 단절, 하층 노동시장으로의 재진입, 성별 임금 불평등과 같은 문제는 여전히 해결되지 않은 채로 남아 있다. 이러한 문제를 해소하기 위해서는 기업과 관료조직의 인사평가 시스템에 여성을 일정 비율 이상 대표시킴으로써 선발과 업무 성과의 평가에서 여성이 차별받는지 감시하는 기제를 장착시키고, 조직 내에서 여성에게 더 많은 책임과 의사결정권을 부여해야 한다.

물론 단기적으로 연공서열 문화 속에 조직 내 과중한 부담을 지고 있는 청년 남성들은 이를 '역차별'이라 받아들일 것이다. 하지만 시험과 연공제 말고는 능력주의에 대한 적절한 정의와 평가체계가 제도화되어 있지 않은 한국의 기업과 관료조직 문화에서 업무량의 배분과 그에 대한 성과 평가를 둘러싼 갈등과 조정은 피할 수 없다. 궁극적으로는 일의 내용과 숙련에 따라 임금을 책정하는 직무제를 도입해야 할 것이다. 하지만 직무제 도입은 일의 난이도와 숙련도에 대한 평가체계의 수립이 동반되어야 하는, 단기간에 실행하기 어려운 과제다. 단기적으로는 임금피크제나 임금 테이블 기울기의 하향조정을 통해 신규고용을 위한 숨통을 틀 수 있을 것이다. 성차별에 대한 엄격한 감시체계와 공정한 평가체계의 제도화 역시 힘들더라도 병행시켜 달성해야 할 동시대의 과제다.

결국 청년층 내 젠더 갈등은 얼핏 페미니즘이라는 이념을 둘러싼 충돌로 보이지만, 충돌의 당사자들이 갈등구조에 동원된 노동시장의 배경이 서로 다르기 때문에 빚어졌다고 보는 게 맞다. 남성이 이전 세대에 비해 갈수록 좁아지는 정규직 일자리로 진입하는 과정에서 '보다 공정한'(사실은 '더 많은') 기회를 바란다면, 여성은 선발과 승진의 평가, 보상을 두고 일어나는 뿌리 깊은 남성선호와 여성차별에 반발해 '보다 공정한'(즉 '덜 차별적인') 평가를 바란다. 모두 '공정'을 말하고 있지만, 내용에서는 서로 다른 결을 가진 것이다.

**세대 간과 세대 내의 갈등을 조장하는 포퓰리즘 정치 문제**

이제 이러한 세대-연공-인구 착종으로 발생한 일자리의 불평등 구조와 그것이 불러일으킨 청년층 내 젠더 갈등의 정치적 의미를 짚어보자. 세대 간 일자리 불평등과 세대 내 젠더 갈등은 현재 한국정치의 양당 구조와 어떤 관계를 맺고 있는가? 누가 이 갈등을 덮으려 하고, 누가 이 갈등을 이용하려 하는가?

먼저 더불어민주당과 정의당으로 대표되는 개혁-진보정당과 대기업 노동조합은 주로 40~50대 정규직의 이해를 대변한다. 이들 조직의 정치-경제적 지지기반 역시 40~50대 정규직 또는 전문직일 가능성이 높다. 따라서 이들 정당과 노동조합은 현재의 세대-연공-인구 착종 문제를 해결할 의지가 없다. 자신들의 표(정치적 지지)와 밥그릇(경제적 이해)의 기반이기 때문이다. 더불어민주당이 공무원과 공기업 연공제 개혁을 2017년 대선공약으로 공표해놓고도 5년이 다 되도록 아무런 논의도 진전시키지 않은 것은 정책을 추진할 때 표를 잃을까 두렵기 때문이다. 이들은 현재 노동조합이 반대하는 정책을 추진할 능력도 힘도 갖고 있지 못하다. 노동조합을 설득하여 이 문제를 풀 정책 역량도 갖고 있지 못하고 그로부터 발생할 정치적·경제적·사회적 혼란과 갈등을 관리할 능력 또한 갖고 있지 못하다.

노동정치의 한 축을 담당해온 정의당 또한 이 세대-연공-인구 착종 문제를 풀 힘과 의지가 부족하다. 정의당 하부조직의 상당 부분이 노동조합운동에서 유래하는 지식인 네트워크로 이뤄져 있기 때문이다. 이 문제를 풀려는 논의 자체가 아래로부터 차단될 가능성이 크다. 현재로서는 이 두 정당이 세대-연공-인구 착종 문제를 풀 것이라 기대하기는 난망하다. 바로 이 두 정당은 세대 네트워크를 구성하는 주요 축으로서 세대-연공-인구 착종을 일으킨 당사자인 것이다. 이들 정당은 청년층의 표를 얻기 위해 지속성 없는, 단기적이고 즉흥적인 현금 이전cash transfer 정책만을 양산할 뿐 세대 간 일자리 불평등 문제를 해결하기 위해 과감한 노동시장 개혁을 추진할 정치력을 보여주지 못하고 있다.

그렇다면 보수정당인 국민의힘은 이 문제를 해결할 수 있을까? 국민의힘은 젊은 당대표를 중심으로 노동시장에서 불만과 갈등을 축적해온 청년 남성을 조직화하고 이들의 이해를 대변하는 정치에 (더불어민주당이나 정의당에 비해) 단기적으로는 성공하고 있는 듯하다. 하지만 이들에 대한 이해 대변은 일자리 문제와 같이 근본적인 원인의 해결이 아닌, 기존의 성평등 정책·제도와 여성 고용(예를 들어 경찰직)을 둘러싼 이념 전쟁으로 귀결되고 있다. 이러한 경향은 사회경제적으로 배제되거나 불이익을 경험해온 (백인) 노동계급을 향해 단결과 봉기를 호소하는 동시에 페미니스트 그룹이나 이주노동자 등 특정한 소수집단을 희생양으로 삼아 (백인) 노동계급의 공격 본능을 극대화하는 서구의 권위주의적이고 포퓰리즘적인 정치에 가깝다. 이러한 정치는 불평등과 불공정을 초래하는 사회경제적 분배와 기회의 틀은 그대로 둔 채, 피폐해진 청년층의 불만을 조직하고 표적으로 삼은 공격 대상에 불만을 집중시킨다. 그야말로 사회적 갈등은 증폭시키고 자신들의 득표력 또한 높이는 포퓰리즘 정치전략이 아닐 수 없다.

구체제의 정치세력은 이렇게 여성과 남성 사이의 서로 다른 '공정' 담론을 활용해 청년층 내부의 갈등을 정치화할 뿐, 갈등의 밑바닥에 깔린 세대-연공-인구 착종이라는 문제와 그로 인해 악화된 청년 노동시장 문제를 해결할 의지를 갖고 있지 못하다. 결국 오늘날 한국사회에서는 청년 일자리 문제에 대한 해결책과 해결 주체는 보이지 않고, 청년들의 한숨과 좌절만 깊어지는 상황이 지속되고 있다. 나는 중하층을 위한 일자리와 사회안전망 구축을 외면한 채 연공제를 토대로 노동시장 상층에 성장의 혜택을 집중시켜온 한국형 위계구조 속에서 청년세대의 정규직 진입 투쟁은 더욱 치열하게 진행될 것이고, 이와 같은 구조와 제도를 따라 확대된 불평등은 다음 세대에도 확대·재생산될 것이라 전망한다.

## 한국 민주주의는 세대-연공-인구 착종을 해결할 역량이 있는가

나는 이 글에서 세대-연공-인구 착종으로 인해 청년 노동시장에서 일자리의 양과 질이 악화되는 것이 지금 한국사회가 직면한 가장 중요한 문제임을 지적했다. 흔히들 청년실업은 세계화와 자동화, 탈산업사회화로 인한 것이며 선진국에 들어선 나라라면 '어쩔 수 없이 발생하는 현상'으로 돌리곤 한다. 특히 내가 '세대 네트워크'로 부르는 집단(대표적으로 노동조합)의 리더들은 청년실업을 서구에서도 보편적으로 관찰되는 현상이며, 우리나라만의 문제가 아니라고 강변한다. 하지만 청년실업은 선진국 경제의 보편적인 현상이 아니다. 2017년 기준으로 프랑스의 청년실업은 21%, 이탈리아와 에스파냐, 그리스는 각각 33%, 37%, 43%를 기록했지만, 같은 서유럽권의 독일과 네덜란드에서 청년실업률은 10% 이하였고 영미권은 완전고용에 가까운 지표를 보였다. 동아시아의 경우 일본 또한 완전고용에 가까운 노동시장을 유지하며 4% 수준의 청년실업률을 보였다. 그러나 한국의 청년실업률은 2017년부터 2018년까지 10% 이상이었으며 취업 포기층을 감안한 실질(확장)실업률은 25%를 넘는다.

세대-연공-인구의 착종은 청년실업과 비정규직 문제를 악화시키는 것을 넘어 저출산과 저출생을 초래하는 직접적인 이유 중 하나다. 출생률을 높이기 위해 지난 10여 년간 수십조 원을 투여했음에도 청년들이 결혼과 출산을 기피하는 이유는 일차적으로 아이를 낳고 키울 만한 안정적인 소득과 일자리가 보장되지 않기 때문이다. 공무원이 인구의 다수를 점유하는 세종시가 매해 출생률 전국 1위를 차지하는 현실은 질 좋은 일자리가 출생률에 얼마나 중요한 요인인지 실증한다.

일자리는 시민권을 구성하는 가장 중요한 축이다. 국가가 부여한 것이 아니라 인간다운 삶을 영위하기 위해 필요한 기본 권리로서의 시민권이 있다면, 그 첫 번째 구성요소는 번듯한 일자리를 가졌는지/가질 수 있는지 여부다. 고대 수렵사회에서 이것은 사냥과 채집 능력이었고, 농경사회에서는 농지와 경작능력의 보유 여부였으며, 현대 산업사회에서는 일자리를 가졌는지/제공받을 수 있는지 여부다. 일자리 문제가 해결되지 않으면 아이 키우기 좋은 육아 환경과 제도를 아무리 마련해도 그것이 작동할 기회 자체가 사라진다. 내 미래가 안정적이어야, 아이의 미래가 낙관적이어야 아이를 낳아 키울 생각이 싹튼다. 오늘날 청년세대의 상당수는 안정된 일자리 없이 연애와 결혼과 출산을 선택할 권리조차 보장받지 못하고 있다.

세대-연공-인구의 착종은 청년실업, 비정규직 증대, 저출생을 초래할뿐더러 부동산 가격 폭등 또한 초래한다. 상층 노동시장 점유자들이 40대와 50대에 이르러 연공제 사다리의 정점에 가까워지면 사회보험료와 여타 세금, 생활비를 빼고도 연 수천만 원의 여유자금이 쌓인다. 상층 20%의 고소득자들은 여유자금을 직접 부동산에 투자하거나 자녀에게 증여한다. 땅과 건물이 제한된 한반도 남부에서 부동산 투자는 서울 강남과 2호선 역세권에 쉽게 집중된다. 2010년대 후반부터 시작된 부동산 가격 폭등의 배경에는 너무 많이 풀린 돈과 너무 적게 공급된 아파트 물량도 있지만, 세대-연공-인구 착종의 최대 수혜자로서 매우 많은 실탄을 보유한 연공제 상층 베이비부머들의 증여 욕구가 깊숙하게 자리 잡고 있다.

나는 ① 세대-연공-인구의 착종 ② 노동시장 불평등 문제를 외면하는 정당 간의 당파적이고 소모적인 진영 대립 ③ 정당-노조-시민사회를 관통하여 건설된 세대 네트워크의 청년 일자리 문제에 대한 무관심과 낮은 정책 역량 등으로 인해, 청년실업과 청년층 일자리의 질 문제는 앞으로도 오랫동안 한국사회의 불평등과 불공정의 주요 축으로 남을 것이라 예상한다.

# 03

## 국민주권 민주주의에 사로잡힌 한국정치

참여가 대의를 밀어낼 때
무슨 일이 벌어지는가?

_박상훈

대통령이 직접민주주의를 말하며 국민참여를 주도하려 하면 민주정치는 위험에 처한다. 여론동원정치로의 퇴락을 막을 길이 없다. 정치가 권력투쟁의 승자 자리를 두고 극단적인 다툼이 되는 것도 순식간이다. 그러면 민주주의는 함부로 운영되기 시작한다. 상대를 동료 시민이나 동료 정치인이 아니라 공격해야 할 대상으로 몰아붙여도 상관없다. 그런 것이 관행이 될 때쯤이면 민주주의는 '스트롱맨'의 게임으로 퇴락한다.

## 국민주권 민주주의는 어떻게 시작되었나

나는 이 짧은 글을 통해 문재인-더불어민주당 정부에서 한국 민주주의가 예기치 않은 유형으로 변화된 것의 원인과 과정, 결과를 살펴보려 한다. 우선 왜 예기치 않은 변화인지에 대한 이야기부터 시작해보자. 문재인-더불어민주당 정부의 출현은 2016년 4월의 총선, 같은 해 말의 촛불집회 그리고 2017년의 대통령 탄핵으로 이어진 격변의 산물이었다. 2016년 총선에서 집권당은 참패했다. 그 결과 더불어민주당과 국민의당 그리고 정의당으로 이뤄진 야3당 체제가 정국을 주도했다. 같은 해 연말에 시작된 촛불집회가 빠른 시간 안에 대규모의 대중동원에 성공할 수 있었던 것은 이런 정치적 조건 덕분이었다.

그전까지 한국정치에서 촛불집회는 약한 야당을 보완하는 '정치 밖 사회 야당'의 역할을 했는데, 대체로 진보적 시민운동이 주도하고 진보적 시민이 참여하는 구도였다. 이에 비해 2016년 촛불집회는 대중으로부터 고립된 '대통령-청와대-친박'에 대항해 진보와 중도 시민은 물론 보수 시민의 상당 부분까지 참여하고 지지했던, 일종의 '사회적 대연정'이라는 성격을 가졌다.

이후 전개된 현직 대통령 탄핵 과정도 마찬가지였다. 야3당은 물론이고 집권당 내 상당수 의원이 탄핵 정치동맹에 참여했기 때문이다. 입법부에서 여야의 절대다수가 동의해 탄핵을 가결했다는 사실만큼이나, 사법부가 입법부와 함께 행정부 수반을 파면하는 결정을 내린 것도 중요하다. 폭력을 동반한 정변 없이 대의민주주의의 원칙과 절차에 충실해 현직 대통령을 파면하는 일은 한국 민주주의의 역사에서 처음 있는 일이거니와, 세계사적으로도 흔치 않은 일이기 때문이다.

이후 집권한 문재인-더불어민주당 정부는 이 모든 과정을 존중해 진보와 중도, 온건 보수 시민의 지지에 기반을 두는 한편, 박근혜-새누리당 정부 시기에 나타난 문제를 광범한 정치연합을 통해 해결하는 방향으로 공동통치co-governance를 제도화했어야 했다. 적어도 집권 첫해에는 탄핵 정치동맹에 참여한 네 정치세력(더불어민주당, 국민의당, 정의당, 구 새누리당 일부) 사이에서 합의된 개혁을 추진하면서 다원민주주의의 길을 넓혔어야 했다. 2017년 조기 대선에서는 모든 후보가 '협치'를 약속했다. 선거 결과 과반 지지를 획득한 후보가 나오지 않았다는 사실도 협치의 중요성을 뒷받침하기에 충분했다. 문재인 당시 더불어민주당 후보는 선거 당일 아침까지도 "당선되면 야당부터 찾아 협조를 구하고 '국정 동반자'로 삼겠다."고 했다. 실제로 대통령 취임사는 협치를 국정운영의 지렛대로 확고하게 자리매김하는 듯했다. 주요 내용을 보자.

"지금 제 머리는 통합과 공존의 새로운 세상을 열어갈 청사진으로 가득 차 있습니다. … 이번 선거에서는 승자도 패자도 없습니다. 우리는 새로운 대한민국을 함께 이끌어가야 할 동반자입니다. … 오늘부터 저는 국민 모두의 대통령이 되겠습니다. 저를 지지하지 않은 국민 한 분 한 분도 저의 국민이고, 우리의 국민으로 섬기겠습니다. … 2017년 5월 10일, 이날은 진정한 국민통합이 시작되는 날로 역사에 기록될 것입니다. … 대통령부터 새로워지겠습니다. … 준비를 마치는 대로 지금의 청와대에서 나와 광화문 대통령 시대를 열겠습니다. … 주요 사안은 대통령이 직접 언론에 브리핑하겠습니다. 퇴근길에는 시장에 들러 마주치는 시민들과 격의 없는 대화를 나누겠습니다. 때로는 광화문광장에서 대토론회를 열겠습니다. 대통령의 제왕적 권력을 최대한 나누겠습니다. 권력기관은 정치로부터 완전히 독립시키겠습니다. … 분열과 갈등의 정치도 바꾸겠습니다. 보수와 진보의 갈등은 끝나야 합니다. 대통령이 나서서 직접 대화하겠습니다. 야당은 국정운영의 동반자입니다. 대화를 정례화하고 수시로 만나겠습니다."

실제는 크게 달랐다. 예기치 않은 변화의 특징을 개괄하면 다음과 같다. 첫째, 촛불집회에 대한 해석이 달라졌다. '촛불합의'라는 정의 대신 '촛불혁명'이 앞세워졌다. 둘째, 여야 협치나 연합정치 대신 야권 재편을 우선시했다. 더불어민주당은 호남에서 국민의당 세력을 무너뜨리기 위해 애썼다. 이를 위해 국무총리(이낙연)-비서실장(임종석)-정책실장(장하성)을 비롯한 주요 자리에 호남 출신 내지 국민의당에서 영입한 인사를 포진시켰다. 셋째, 박근혜-새누리당 정부 시기의 "좌익세력 10년 적폐청산"에 짝을 이루는

"적폐의 철저하고 완전한 청산"을 제1호 국정과제로 선정했다. 이를 위해 박근혜-새누리당 정부 때와 마찬가지로 검찰권력이 다시 동원되었다. 5대 권력기관을 관장하는 민정수석의 역할도 강화되었다. 넷째, 대의민주주의를 간접민주주의로 폄훼하고 직접민주주의로의 전환을 앞세웠다. 의회정치와 정당정치 대신 청와대 국민청원과 공론화위원회 같은, 국민직접참여제도가 도입되었다. 이 과정에서 대통령과 청와대가 국민의 의지를 집약하는 기관이 되었고, 국회나 야당을 비난하는 주장은 커졌다. 다섯째, 대통령이 중심이 되는 여론정치가 심화되었다. 청와대가 직접 언론 기능을 담당하기 시작했고, 여론조사 예산은 이전 청와대와 비교할 수 없을 만큼 급증했다. 과거에는 꿈도 꿀 수 없었던 강력한 청와대 권력이 등장한 것이다.

이 모든 변화를 정당화한 것은 '국민주권론'이었다. 국민의 직접 정치와 직접 참여는 '국민주권'이라는 이름으로 상찬되었다. 문재인-더불어민주당 정부만큼 헌법 2조의 "대한민국의 주권은 국민에게 있고, 모든 권력은 국민으로부터 나온다."는 조항을 강조한 곳은 없었다. 과거 우리 사회의 진보파는 헌법을 중시하지 않았는데, 이런 경향도 사라졌다. 모두가 '헌법적 명령'을 내세우고 '민심의 요구'나 '국민의 뜻'을 앞세우면서, 새로이 국민주권의 시대, 직접민주주의의 시대가 도래한 듯 목소리를 높였다.

## 국민주권 민주주의는 어떻게 전개되었나

현대 대의민주주의는 '주권과 기본권 사이의 균형체제'라 할 수 있다. 주권은 시민총회에서 발생한다. 우리는 5년에 한 번 행정수반을 선출하는 시민총회를 통해 주권을 선출직 대표들에게 위임한다. 그리고 4년에 한 번 입법자와 지방자치 운영자를 뽑는 시민총회를 통해 같은 일을 반복한다. 입법부는 법을 제정하고 행정부는 법을 집행하며 사법부는 법을 적용함으로써 어느 한 부서가 국민주권을 전횡하지 못하게 견제하는 것이 주권에 대한 민주적 원리로 자리 잡았다.

기본권은 주권과 다른 원리로 작동한다. 기본권은 시민 개개인에게 주어진 권리다. 주권이 시민총회의 결과물이라면, 기본권은 국민주권도 침해할 수 없는 권리다. 제아무리 국민주권의 원리에 따른 결정이라 해도 기본권의 문 앞에서는 멈춰야 한다. 민주주의라면 기본권을 침해하는 입법은 할 수 없다. 기본권을 침해하는 행정집행이 제한되어야 함은 말할 것도 없다. 기본권이 보장되지 않으면 촛불집회도 시민불복종도 합법화될 수 없다.

그런데 문재인-더불어민주당 정부가 이해하는 민주주의는 이와 다르다. 우선 촛불집회를 국민의 명령 내지 국민주권의 구현으로 이해하고, 직접민주주의의 대표적인 사례로 정의한다. 공론화위원회도 청와대 국민청원도 국민주권의 실현 내지 직접민주주의의 일환으로 해석한다. 국민이 직접 참여하면 직접민주주의라는 식이다. 이는 잘못된 해석이다. 앞서 이야기했듯 적법한 주권은 전체 국민총회 또는 전체 시민총회에서만 발생한다. 전체 총회가 아닌 일부 시민의 정치 참여는 기본권의 표출일 뿐, 그 자체로 주권이 발생되지는 않는다. 직접민주주의라면 모든 것은 전체 시민총회에서 국민주권의 원리에 따라 결정되고 집행될 수 있을 것이다. 하지만 시민총회가 국민주권의 원리로만 운영될 때 기본권이 허용될 여지는 없다는 사실을 분명히 알아둬야 한다. 직접민주주의에서 집회나 시위는 시민총회를 위협하는 반란 행위가 될 수 있다. 그러나 현대 대의민주주의는 다르다. 일상적으로 시민총회를 열어 공적 사안을 결정하지 않는다. 일정 기간을 주기로 시민총회를 열어 입법자와 행정수반을 선출해 입법부와 행정부의 운영을 맡긴다. 대신 시민 개개인은 일상적으로 기본권을 향유한다.

직접민주주의라면 전체 시민의 의지가 아닌 시민 일부의 의지는 일반의지가 될 수 없다. 직접민주주의자에게 그것은 기껏해야 집단이기주의 이상이 아니다. 청와대 국민청원도 마찬가지다. 20만 국민의 동의는 전체의 의지가 아니고 부분의 의지다. 그런데도 이를 국민주권의 의지나 직접민주주의라고 규정하는 것은 맞지 않는다. 청원권은 기본권이기 때문이다. 정부 운영권을 선출직 대표들에게 위임했기에 갖는, 시민 개개인의 권리라는 뜻이다. 그렇기에 우리나라 청원법에도 청원행위는 개인의 이름으로 이뤄지는 개인의 권리다.

국민주권의 대행자로서 대통령과 집권당이 대의민주주의의 원리로 선출되었는데, 그들이 직접민주주의를 하겠다는 것 자체가 이율배반이 아닐 수 없다. 권력자가 앞세우는 직접민주주의론은 위험하다. 대통령이 앞세우는 국민직접정치는 삼권분립과 입헌주의를 위협한다. 대통령이 국민주권을 의회정치와 정당정치를 우회하는 수단으로 삼으면 현대 대의민주주의는 제 기능을 상실한다. 우리가 중남미의 대통령들에게서 보듯, 의회보다 대통령이 위임받은 국민주권이 더 우월하다고 내세우면 제도의 형식만 민주주의일 뿐 실제 통치는 권위주의적으로 이뤄진다. 개개인의 기본권이 쉽게 침해되는 것은 당연한 귀결이다. 국민주권의 이름 아래 누가 여론의 지지를 더 많이 받는지 여부가 권력행사의 정당성을 뒷받침하기 때문이다. '매일 매일의 국민투표'처럼 여론조사 결과에 따라 유동하는 정치를 정상적인 민주주의라고 할 수는 없다.

문재인–더불어민주당 정부 시기에 실제로 우리가 경험한 '국민주권 민주주의'의 현실이 이를 잘 보여준다. 현실로 나타난 국민주권 민주주의는 대통령이 직접민주주의를 앞세워 대의민주주의를 무력화시키는 정치다. '민심'이나 '국민의 뜻'을 앞세우지만 정작 그때의 민심과 국민의 뜻은 적극적인 지지자 위주의 목소리를 가리킬 뿐이다. 그것은 또한 대의민주주의 제도는 물론 동료 시민이나 당원도 신뢰하지 않는 정치다. 더불어민주당이 앞세웠던 '직접민주주의 정당개혁'이 대표적인 사례다.

한국 민주주의의 오랜 전통은 '당정 분리'에 있었다. 하지만 대통령 지지자들은 정당의 자율성 때문에 대통령의 영향력이 위협

받을 가능성을 두려워한다. 그 결과 정당에도 국민주권의 원리가 강제되었고, 당 안팎에서 직접 행동하는 지지자들이 당의 의사결정에 직접 참여하고 영향을 미칠 수 있는 제도들이 만들어졌다. 지지자들은 이견을 보이는 의원들을 직접 제재하고 당직과 공직 후보자에 대한 통제권도 행사하기 시작했다.

그럼으로써 국민주권 민주주의는 권력정치를 심화시켰는데, 이견을 가진 집단이나 반대세력에 대한 지지자들의 두려움에 기반하고 있기 때문이다. 국민주권 민주주의에서는 반대자들의 권력을 제어하고 무력화시키는 일이 다른 무엇보다도 중요해졌다. 따라서 국정의 우선순위는 장기적으로 사회경제적 불평등이나 양극화를 개선하는 쪽보다 단기적으로 집권세력 안팎에서 도전세력이 등장할 가능성을 억압하는 쪽에 놓였다. 이 과정에서 내부의 반대 목소리는 더 가혹하게 다뤄졌다. 자칫 '적전분열'이나 '내부총질'을 불러올 수 있기 때문이다. 진보적인 언론에 재갈을 물리려는 욕구를 키우는 것도, 대통령의 통치방식에 이견을 표출하는 의원이나 언론·지식인을 '국민의 적'으로 배제하려는 욕구를 극대화하는 것도 국민주권 민주주의의 산물이다. 국민주권 민주주 말고는 대통령 지지자들이 누군가를 '친일파'나 '토착 왜구'로 낙인찍는 행위를 즐기는 일이 광범하게 허용된 것을 설명하기 어렵다.

한국의 진보 전통은 크게 세 차원으로 나눠볼 수 있다. 첫째, 민중과 서민의 삶을 개선하는 데 힘을 쏟는 이른바 '평등파'의 전통이다. 둘째, 오랫동안 강력하게 자리 잡아온, 국가 간 종속 문제를 중시하는 '자주파'의 전통이다. 셋째, 위의 두 전통과 겹치면서도 무엇보다 과거 권위주의 세력이 가진 권력을 최소화하기를 바라는 '반독재파'의 전통이다.

민주화 초기에는 반독재라는 과제가 설득력과 정당성을 가졌다. 하지만 수평적 정권교체가 10년 주기로 두 번 이뤄졌고, 그사이에 일곱 명의 대통령을 배출했으며, 권위주의 통치 기간보다 더 긴 민주화 이후 35년의 상황에서 반독재를 앞세우는 것은 사실상 권력정치에서 우위에 서려는 의도를 드러내는 일에 다름 아니다. 그 결과, 정치만이 아니라 사회 또한 적대와 증오로 분열했다.

한국이 개발도상국 지위에 있을 때는 자주파의 관점에서 국가적 과제를 조망하는 것이 현실적이었다. 하지만 에스파냐와 이탈리아에 앞서는 세계 10위권의 경제 선진국이 되고, 일본보다 잠재 성장률이 앞서며 세계 6위의 군사력을 가진 나라로 평가받는 현실에서 자주파적 관점은 시대에 뒤떨어지고 있다. 흥미로운 것은 전통적인 자주파의 반미 노선이 사라진 대신, 그 자리에 반일反日과 혐중嫌中이 자리 잡은 현상이다. 국가나 민족의 관점에서 접근해야 할 과제가 있다 해도 그것이 국민주권 민주주의에 이어 '국민주권 민족주의'의 양상으로 변화하며 낳은 부작용도 적지 않다.

아마도 제대로 접근조차 되지 않았던 진보의 전통이 있다면 평등파의 전통이 아닐 수 없다. 그렇게 된 가장 큰 이유는 민주화 이후 최초의 야당 집권, 다시 말해 김대중-새천년민주당의 집권이 신자유주의의 전 세계적 수용과 시기를 함께했다는 데 있다. 그 결과 민주화는 공고해졌고 경제는 발전했으며 세계화는 다른 어떤 나라보다 앞섰지만, 대신 우리 사회가 안은 것은 불평등과 양극화였다. 가난한 시민은 더 가난해졌고 부유한 시민은 더 부유해졌다. 비정규직은 거의 벗어날 수 없는 형벌이 되었고, 부모의 도움이나 좋은 학벌을 갖추지 못하면 다른 삶으로의 이동은 상상하기 어려워졌다. 나이 든 시민의 절반 가까이가 고독사와 신병비관 자살에 내몰리는 사회가 되었다는 사실에도 눈감기 어렵다.

안타깝게도 이들 시민은 사회적 영향력도, 권력의 향배에 미치는 영향력도 거의 없다. 투표 참여도 적은 반면, 조직화하기는 더욱 어렵다. 목소리 큰 시민들이 주도하는 국민주권 민주주의에서 이들의 목소리는 체계적으로 배제된다. 모두가 여론정치에 몰두해 있는 동안 누가 이들의 표출되지도 조직되지도 않은 채 흩어진 소리에 귀를 기울이겠는가. 한국의 진보세력이 도덕적 기반을 급격하게 잃은 것은 이런 상황의 산물이다. 국민주권 민주주의는 진보의 무덤이 될 가능성이 높다.

## 한국정치를 지배하는 국민주권 민주주의

다행인지 불행인지 국민주권 민주주의는 문재인-더불어민주당 정부에서 위세를 떨친 뒤 빠르게 한계를 드러내고 있다. 2021년 진행된 주요 정당의 대통령 경선과 본선 과정만큼 이를 잘 보여주는 것도 없다. 많은 이가 대선 경선 과정을 지켜보며 '비호감 선거'라며 냉소한다. 분명 의미 있는 정책 경쟁은 없었다. 평균적인 서민의 도덕성에도 미치지 못하는 후보와 주변의 추문을 보며 최소한의 존경심도 가질 수 없었다. 누구의 범죄 요건이 더 나쁘냐는 식의 말싸움 속에서 정치의 도덕적 권위도 느낄 수가 없었다. 경선에 참여했던 후보들조차 승자가 된 후보에게 도덕적 승복과 자발적 협력의 자세를 보이지 않았다. 같은 당 경선에 참여했던 후보 가운데는 자당 후보를 잠재적 범죄자로 보는 사람도 있었다. 국민주권 민주주의의 귀결치고는 참으로 초라하다. 하지만 후보 개개인의 문제를 넘어 더 근본적으로 살펴야 할 것이 많다.

첫째, '정치의 실종' 내지 '정치의 범죄화' 현상이다. 주요 정당의 경선은 법률가 출신이 압도했다. 그들은 상대 당 후보에 대해 범죄 요건을 들이대고 조사와 처벌을 주장했다. 그 과정에서 정치를 오래 한 정치인도, 당 대표나 국회의장, 국무총리 출신도 너무나 쉽게 무너졌다. 누가 승자가 되든 국회 경험이 없는 법률가 출신 대통령이 또 나올 상황이다. 대통령이 국회나 정당을 공격하며 국민 여론에 직접 호소하는 모습도 지속될 가능성이 높다.

둘째, '정당의 실패'다. 정당은 자신의 후보를 길러낼 능력을 상실했다. 그간 당을 주도했던 세력의 입장에서는 아웃사이더를 자당의 대통령 후보로 받아 안았다. 정당이란 공직 후보자를 양성해 시민총회에 내보내는 역할을 한다. 이번 경선은 정당이 아니라 여론정치가 그와 같은 역할을 했다. 정당이 아니라 캠프가 중심인 정치가 그 뒤를 이었다. 이런 선거는 정당의 존재 이유를 회의하게 한다. 선거 관리 역시 정당 스스로 책임질 의지나 실력을 상실했다. 연일 계속되는 외부 영입에 의존하는 캠프정치가 지금의 정치다. 화제성 외부인사 영입, 잦은 자격미달 시비, 뒤이은 논란과 퇴출을 빠르게 반복하는 인간 소모전이 뫼비우스의 띠처럼 돌아가면서 계속되고 있다. 정당의 혼란과 분열은 예고된 것이나 다름없다.

셋째, '대통령의 사인화私人化' 문제다. 이번 선거에서는 특히 대통령제의 제도 원리와 무관하게 후보 개인만 보인다. 자기 당 안에서조차 후보의 승리를 원치 않는 반대세력이 있다. 후보들은 한결같이 정당 기반이 없거나 약하다. 선거에서 패배한다면 책임을 둘러싼 파장은 후보 개인의 문제로 몰릴 것이다. 누가 승자가 되든 당과 국회와의 관계 정립에 어려움을 갖지 않을 수 없다. 앞선 정부들처럼 권력기관을 동원하려는 유혹에서 벗어날 수 없을지 모른다. '청와대 정부' 현상은 계속될 것이며 결과적으로 대통령의 실패로 이어질 가능성이 높다.

넷째, '국민주권의 형해화形骸化' 문제다. 그간 정당들은 너나 할 것 없이 "공천권을 국민에게 돌려 드린다."며 국민선거인단을 대거 동원하고 여론조사를 최대로 활용했다. 민심이 모든 것인 양 주장하는, 이른바 '국민직접참여민주주의론'이 정치를 지배했다. 수백만 명이 '국민의 이름'으로 이번 경선에 참여했는데, 논쟁의 질은 떨어졌고 저질 말싸움과 품위 없는 행태만 많아졌다. 당의 경선이 당원에 의해서가 아닌 여론조사에 이끌렸다. 그와 같은 '민심'

의 개입과 '국민'의 참여는 최대치까지 올라갔고, 그렇게 참여한 '국민'은 지지 후보를 중심으로 서로를 야유하고 증오하는 검투장의 관중 역할을 하고 말았다.

다섯째, '시민성의 퇴락'이다. 이는 국민주권의 권위가 추락하고 형태만 남은 데 따른 결과가 아닐 수 없다. 모두가 국민주권을 금과옥조로 삼는 동안 사회갈등은 더 격렬해졌다. 정상적인 정치과정은 작동하지 않았다. 시위와 직접행동은 기하급수적으로 늘었다. 사람들은 쉽게 화를 내고 쉽게 분노했다. 절차와 과정보다 당장의 빠른 변화를 얻고자 하는 욕구만 커졌다. 청와대와 국회 앞, 집권당 앞으로 달려갔지만 정작 해결되는 문제는 별로 없었다. 한강을 사이에 두고 광화문 집회 참가자와 검찰청 앞 집회 참가자가 서로 국민주권을 실천하고 있다고 말하는 역설도 발생했다. 정당의 지도부가 정치를 버리고 국민에게 직접 호소하겠다며 단식하고 농성하는 일도 많아졌다. 정치가는 정치를 버렸고 시민은 서로에게 사나워졌다.

여섯째, '언론의 실패'다. 우리 언론은 정치의 역할을 존중하지 않는다. 반反정치주의야말로 우리 언론의 정체성이다. 그들은 가장 파당적인 견해를 가장 초당적인 자세로 말한다. 사태가 어떻게 전개되고 있는지를 알려주는 역할을 하는 게 아니고, 자신들 의견을 앞세우면서 더 많은 피드백을 받으려 경쟁하기 바쁘다. 그 점에서 우리 언론은 국민주권 민주주의의 또 다른 주역이다. 직접 취재하기보다 유력인이 사회관계망서비스SNS에 올린 메시지를 증폭하는 데 그치면서도 부끄러워하지 않는다. 여론조사를 지나치게 동원하는 것도 우리 언론의 고질병이다. 여론조사 기관마다 편차가 큰 조사 결과가 공론장에 미치는 혼란과 폐해에는 관심이 없다. 최고권력의 향배에 관심이 큰 독자들의 약한 마음을 악용하는 것을 절제하지 못한다. 대통령의 권력에 영향력을 행사하고 싶다는 그들의 무의식에 충실하다.

일곱째, '한국 민주주의의 실패'다. 민심이 주권이고 국민의 뜻이 곧 민주주의 아니냐며, 당심이 아니라 민심이 중요하고 여론조사로 민심을 알 수 있다는 식의 민주주의론은 크게 해롭다. 이것이 정말로 국민주권 민주주의라면 그건 민주주의보다 '전체주의에 가까운 민주주의'라고 해야 맞는 말이다. 국민주권은 시민이 자신들의 적법한 대표를 선출할 최종적 권리를 갖는다는 원론적인 의미로 이해되어야 할 뿐, 그것이 일상의 정치과정을 지배하면 안 된다. 주권이 정치를 탄생시킨 아버지 원리이고 국민주권이 민주주의를 탄생시킨 어머니 원리라 할지라도, 우리가 일단 성인이 되면 아주 가끔 급한 상황에서만 부모를 찾아야 하듯 일상의 민주주의 운영은 정치가와 정당에 맡겨야 한다. 적법하게 선출된 시민대표에게, 즉 정치가나 정당에 자율적인 역할을 할 기회와 권한을 주지 않으면 민주주의는 제 일을 할 수가 없다.

결국 이 모든 게 '한국사회의 실패'로 이어지고 있다. 국민이 직접 참여하고 결정에 직접 영향을 미치는 일이 많아지면 사람들 사이에 적대와 대립, 증오와 배제의 문화는 커질 수밖에 없다. 좋은 정치가는 성장할 수 없고, 정치해서는 안 되는 사람들이 승자가 된다. 적대와 증오를 동원하는 그들은 정치만 망치는 게 아니고 사회도 분열시키며 시민의 마음을 상하게 한다. 민주주의는 정치가의 역할과 시민의 역할이 서로 존중되어야 사회를 통합할 수 있다. 그렇지 않고 시민이 정치가의 역할을 대체하려 하면 할수록 민주주의는 사회를 해체하는 역할을 한다.

## 대의민주주의를 제대로 해야 한국정치도 산다

민주주의란 시민이 적법한 대표에게 일정 기간 일을 맡기고, 그 결과에 따라 일을 계속 맡길지 아니면 다른 시민대표를 고용할지를 결정하는 체제다. 좋은 냉장고를 쓰고 싶은데 냉장고 회사들이 우릴 속일지 모른다며 스스로 냉장고 만드는 법을 배우자고 해서 소비자주권이 실현될까? 그 일을 냉장고 회사에 맡기되 질 낮은 냉장고를 만드는 회사를 망하게 하는, 최종결정권자의 역할을 하는 게 훨씬 더 주권자답다.

정당들이 자신의 후보를 스스로 육성하고 길러내야 민주정치다. 공직후보자 지명을 민심에 맡기는 것은 국민주권이 아니라 국민동원일 뿐이다. 공직후보자를 제대로 공천한 정당에 다시 일을 맡기고 그렇지 않은 정당은 처벌하는 최종결정자의 역할을 해야 국민주권이 온전해진다. 노동조합을 생각해보자. 조합의 위원장

선출을 국민이 참여해 결정하게 하면 신뢰받는 조합이 될까? 반노조 여론만 격화될 뿐 책임 있는 후보가 선출되는 일은 없을 것이다. 노동조합의 일은 조합과 조합원이 스스로 하듯, 정당도 스스로 공직 후보를 길러내고 선출해서 책임 있게 시민총회에 내보내야 한다. 정당을 직접민주주의로 운영하겠다는 것만큼 자가당착도 없다. 그 일에 국민주권을 허비하면 정치도 망하고 사회의 분열도 피할 수 없다. 스스로 책임져야 할 자당의 경선에 국민을 연루시켜 모두를 공범자로 만드는 것은 국민주권과도 아무 상관없으며 무엇보다도 민주주의가 아니다.

대통령이 직접민주주의를 말하며 국민참여를 주도하려 하면 민주정치는 위험에 처한다. 여론동원정치로의 퇴락을 막을 길이 없다. 정치가 권력투쟁의 승자 자리를 두고 극단적인 다툼이 되는 것도 순식간이다. 그러면 민주주의는 함부로 운영되기 시작한다. 상대를 동료 시민이나 동료 정치인이 아니라 공격해야 할 대상으로 몰아붙여도 상관없다. 그런 것이 관행이 될 때쯤이면 민주주의는 '스트롱맨'의 게임으로 퇴락한다. 공존과 타협의 민주주의 규범을 준수하는 사람, 한마디로 말해 '정치하는 정치인'은 힘을 쓸 수가 없다. 남는 것은 최고권력자로서 대통령을 위한, 대통령에 의한, 대통령의 권력정치뿐이다.

대통령이 정당정치로부터 자유로울 뿐만 아니라 이를 지배하기까지 하는 대중을 직접 동원하는 것이야말로 한국정치의 새로운 위협요인이 아닐 수 없다. 정치가 의회나 정당이 아닌 대통령의 당파에 의해 압도되면 정견이나 이념, 신념을 내세우는 가치의 정치는 나타날 수 없다. 정책 논쟁이든 제도 논쟁이든 대통령의 당파에 의한 유불리 판단이 모든 결정을 압도하기 때문이다. '친문이냐 비문이냐'라는 구분에서 보듯, 능력이나 대표성이 아니라 대통령과의 거리가 권력을 배분하는 기준이 되고, 대통령의 당파와 가까운 열성 지지자 집단이 공론장을 지배하는 결과로 이어진다.

국민주권 민주주의의 정신구조는 이런 식이다. 국민주권 민주주의는 정당한 절차와 과정을 통해 개선하기보다 당장의 문제를 해결하기 위해 즉각적인 조치가 취해져야 한다는 권위주의적 '긴급명령주의'에 의존한다. 그 결과 당사자 집단 안에서 자율적으로 문제를 해결할 능력을 약화시킨다. 모두 청와대만을 바라보며 '타율적 개혁'을 요구하는 정서가 만들어지기 때문이다. 누군가를 향해 "처벌하라" "척결하라" "구속시켜라" 같은 '유사 공안담론'을 통해 공론장을 피폐하게 만들기도 한다. 유사 인격신을 만드는 문제도 크다. 대통령 개인을 둘러싼 열정이 과도하게 동원되면서, 대통령을 좋아하는 사람은 너무 좋아하고 싫어하는 사람은 너무 싫어한다. 이에 그치지 않는다. 특정 대통령을 추종하든 적대하든 두 집단 모두 자신만큼 대통령을 좋아하거나 싫어하지 않는 것을 견딜 수 없어 하는 심리를 만들어낸다. 이런 민주주의를 계속해야 할 이유가 있을까?

국민주권 민주주의에 유혹을 느끼는 많은 사람이 앞세우는 주장은 '대의민주주의의 한계론'이다. 인정하기 싫겠지만, 한계 없는 민주주의는 없다. 현대 대의민주주의는 인간의 한계에 기초를 두고 있는 정치체제다. 완전한 민주주의를 지향하지 않았기에 대의민주주의는 전 세계 120여 개 국가의 기본적인 정치원리가 될 수 있었다. 대의제 대신 다른 원리를 도입하기보다 대의제를 민주적으로 발전시키려는 노력을 계속했기에 이런 일이 가능했다.

대의민주주의는 단순한 참여가 아닌 '평등한 참여'를 체제의 운영원리로 삼는다. 인간의 역사에서 대의민주주의보다 더 많은 시민참여를 가져온 것도 없다. 덕분에 여성도 노동자도 민주주의에 직접 참여할 수 있었다. 노예 없는 민주주의, 노예 없는 공화정 역시 현대 대의민주주의에서 처음으로 구현되었다. 모든 시민이 자신들의 권익을 위해 자유롭게 결사체를 만들 수 있었던 것도, 자신들의 의사를 자유롭게 표출하는 권리를 당연하게 누릴 수 있었던 것도 대의민주주의 덕분이었다. 대의민주주의를 통해 사민주의도 복지국가도 실천할 수 있었다.

국민주권을 최고통치자의 의지를 통해 실현하려는 실험은 전제주의despotism를 낳았을 뿐, 그것이 민주적으로 가치 있는 결과를 낳은 적은 없었다. 대의민주주의를 제대로 해보기도 전에 대통령과 그를 추종하는 시민들이 주도한 국민주권 민주주의로 인해 정치도, 사회도, 개인도 위태로워진 것은 여간 안타까운 일이 아니다. 길을 잃은 한국 민주주의는 이제 제 갈 길을 찾아야 한다.

# 식민지 남성성과 추격발전주의

한국사회는 왜 기후위기를
직면하지 못하는가?

_정희진

한국 현대사를 지배하는 식민 콤플렉스 또는 제대로 된 국가, 더 나아가 '팍스 코리아나'를 향한 의지의 근원은, 기원을 상정한 역사주의에 기반한다. '아직은 아닌'이라는 사고방식, 즉 지금 여기의 현실을 부정하는 사고에서 비롯된 미래 지향의 추격발전주의는 성장 신화를 지속시키고 탈성장을 상상하지 못하게 만든다. 한국에서 환경운동이 어려운 이유다. 환경파괴에 완전히 무지/무감각한 한국사회의 자연파괴 지향과 주류중심주의의 근원에는 '역사적 시간의 공간화'에 대한 신념이 자리한다. 사람들이 일상적으로 말하는 "우리는 미국의 1990년대" "○○은 서울의 1970년대"와 같은 식의 언설이 대표적이다. 한국사회의 영원한 피해의식은 이런 식으로 분출한다.

여성은 생명을 낳고give, 남성은 생명을 파괴한다take. … 이제까지 백인 남성은 유색인 남성을 '동물과 인간'의 중간으로, 여성을 '자연과 인간'의 중간으로 대상화해왔다. 이것이 문명의 원동력이다.

—시몬 드 보부아르

피식민국의 근대화는 예외 없이 후진성과 따라잡기의 측면에서 논의된다. 이러한 사회는 영원히 '역사의 대기실'에 배정된 것인가?

—디페시 차크라바르티

## 파시즘이라기보다 주체적 종속

정치학자 박상훈의 언급을 빌리면, '파시즘' 표현이 주는 부담감이 그간 '우리 안의 파시즘' 논쟁에 접근하는 것을 어렵게 하지 않았나 하는 생각이 든다. 파시즘은 주로 역사학과 정치학 등 기존 분과학문 용어로는 익숙한지 모르겠으나, 웬지 '과격한' 느낌을 준다. 당연히 불필요한 오해가 발생할 여지가 있다고 생각한다.

사실, 존재가 아니라 욕망이 의식을 규정하고 모든 통치는 대중의 이데올로기적 동의가 없다면 작동하지 않는다는 점은 포스트마르크스주의Post-Marxism가 널리 퍼진 이후 상식이 되었다. 페미니즘이나 문화연구 등에서는 이미 다른 표현으로 이 문제를 분석해 왔다. 주체적 종속, 사회적 몸social body이라는 인간의 존재성, 구조의 내외부가 사라지고 억압적인 경계가 임의로 작동하는 글로벌 자본주의 시대 등이 그것이다. 억압의 내외부가 사라진 호모 사케르Homo sacer의 시대, 우리 '안의' 파시즘은 인간의 조건인 셈이다. 이 논의는 일부 좌파가 우려하고 비판하는 만큼 대단하게 위험한 논리가 아니라 '현실'이라는 의미다. 물론 이토록 당연한 이야기도 용기가 필요한 곳이 한국사회이긴 하다.

삶은 투명하지 않다. 내가 주로 보는 미국 수사 드라마의 대사대로 삶은 "모순적이고 불공평하며 우연적이다messy, random, contingency". 인과관계가 뚜렷하거나 원칙대로 움직이는 인생은 없다. 주권 개념을 중심으로 한 식민통치, 인종, 젠더, 계급 등의 억압 구조는 '청산淸算'될 수 있는 성질의 것이 아니며, 우리 몸에 체현embodiment되어 있다. 혼종성은 인간 사회의 본질이다. 이른바 '정통 좌파'든 '올바른 페미니스트'든 모든 정체성의 정치가 판관의 정치가 되기 쉬운 이유다. 앎과 삶의 문제를 다룰 때 혼란과 모순, 잡스러움은 한계가 아니고 필연이자 기회다. 나는 페미니즘적 사유도 잡스러움hybrid과 순수pure가 경합하는 상황에서, 순수의 원리를 해체하는 공부라고 생각한다.

그런 점에서 '우리 안의 파시즘'에 들어 있는 '파시즘' 규정은 조금 희석되어야 하지 않을까. '대중독재'라는 개념도 지나친 감이 있다. 한국처럼 개념의 비약이 심한 사회에서 '대중독재'를 이야기하면 "그럼 독재자는 죄가 없다는 것이냐"는 식으로 논의가 헛돌기 쉽다. 그래서 시민 또는 유권자는 여야가 어떻게 다른지, 진보와 보수가 어떻게 다른지 판단해야 하는 일상이 괴롭다. 특히 선거철에는 치열한 진영논리와 더불어 '그놈이 그놈'이라는 식의 좌절과 허무주의가 뒤섞인다.

그럼에도 약 20년 전 임지현을 필두로 한국사회의 진보/보수, 좌/우가 왜 같은지를 문제제기한 '우리 안의 파시즘' 논의는 일종의 분수령임에 틀림없다. 그러나 어떻게/왜, 다르고/같은가에 대한 분석 없이는 양비론과 상대주의 등의 비판에서 자유롭지 못할 것이다. 나는 이 글에서 그들의 같음을 메타 젠더적 관심에서, 발전주의와 기후정의를 중심으로 살펴보고자 한다. '메타 젠더metagender'는 젠더라는 인식론에 기반하면서도 젠더를 '넘어서는' 비주류의 목소리다. 공부를 싫어하고 게으르며 패거리에 '관종'까지 합쳐진 한국의 남성 중심의 주류 정치는 여의도, 시민사회, 노동조합, 일상생활 모두를 장악하고 있다. 이 글이 이런 공기空氣, 公器가 단 몇 초만이라도 흩어지는 계기가 되길 바란다.

## 정치(학)의 위계가 차별이다

계급의식, 지역감정, 지역주의, 평화·인권·젠더 감수성, 장애인 배려, 성소수자 관용… 이들은 우리 사회에서 흔히 사용되는 용어다.

이 중 '좌파의 헤게모니' 덕분인지 한국사회의 수많은 문제 중 계급만이 유독 인간 이성의 '최고 단계'인 의식consciousness의 지위를 획득하고, 나머지는 모두 감정이거나 '배려해야 할 사안'으로 간주된다.

그러나 모든 사회적 모순은 한 가지만으로 작동하지 않는다. 반드시 복잡한 교직交織 과정이 있다. 그래서 '민족해방/민중민주'와 같은 이항대립은 환원론일 뿐이다. 나는 한국사회에서 가장 심각한 문제, 이른바 '주요 모순'은 서울을 중심으로 한 수도권 중심주의라고 생각한다. 그러므로 영호남 간의 차별이나 지방소멸은 지역감정 혹은 지역(이기)주의로 명명되어서는 안 된다. 사실 가장 극심한 지역이기주의는 서울에 사는 사람들이 보여주고 있지 않은가? 그럼에도 지역 모순은 지역 차별 '의식'으로 불리지 않는다. '감수성'도 이해할 수 없는 표현이다. 평화와 인권은 모두 누구의 평화이고 인권인지에 따른 매우 경합적인 개념인데, 정치적 논쟁 없이 단순히 '감수성'이 필요한 문제가 된다. 그저 '착한 시민'이어야 한다는 것인가? 페미니즘은 말만 나와도 문제다. 페미니즘(젠더 모순)은 남성 권력을 직접 겨냥하기 때문에 '감수성'을 내세워 부드럽게 포장된다.

우리 사회는 장애인, 성소수자, 이주노동자에게는 다양성, 관용, 배려가 필요하다고 말한다. 굳이 웬디 브라운Wendy Brown의 논의를 가져오지 않더라도, 이들 단어는 주류의 입장에서 억압과 착취를 탈정치화하는 대표적인 사례다. '글로벌 패밀리'와 '다문화 가정'

은 같은 국제 혼인임에도 불구하고, 가장이 백인 남성인가 농어촌 한국 남성인가에 따라 엄청난 문화권력의 문제가 된다.

거대담론이라는 한계가 있지만, 생태주의 마르크스주의자인 사이토 고헤이斎藤幸平의 《지속 불가능 자본주의: 기후 위기 시대의 자본론》은 지구(자연)와 당대 자본주의(인간 활동)가 공존할 수 없다고 본다는 점에서 우리에게 중요한 메시지를 던진다. 한마디로 더 이상 지구와 자본주의는 동반자가 아니다. 현재의 생활양식을 유지하면서 지구 파괴를 막을 수는 없다. 그는 우리가 경제성장 신화를 버리고 규모 축소scale down와 속도 둔화slow down, 감속주의減速主義를 결단해야 한다고 주장한다.

나는 경제적으로나 건강상으로 너무나 고통스러웠던 코로나19 팬데믹을 겪으며, 2022년 대통령선거의 공약이 환경과 노동 이슈에 집중될 줄 알았다. 나뿐만 아니라 다른 유권자들도 그렇게 생각할 줄 알았다. 그러나 여전히 한국사회의 관심사는 건설과 개발, 성장이다. 심지어 윤석렬 씨는 탈원전 비판에 열을 올린다. 그런 점에서 나는 좌와 우, 진보와 보수라는 개념보다 '타자 배제 없는 사유로서 민주주의(자)'가 진영을 나누는 핵심적인 개념이 되어야 한다고 생각한다. 가능하면 기존 개념은 폐기되어야 한다. 일단 좌와 우, 진보와 보수가 애초 서구에서 만들어진, 우리 사회의 맥락과 완전히 동떨어진 어휘다. 그뿐만 아니라 여전히 색깔론에서 자유롭지 않은 한국사회는 좌우의 구별 자체가 부당하다. 우파도 '빨갱이'가 된 역사를 얼마나 많이 겪었는가.

한편 자기만의 리그에서 좌파 또는 진보세력이 자기가 가장 올바르고 중요한 의제를 다루고 있다는 우월감도 큰 문제다. 왜 '우리 좌파'는 샹탈 무페Chantal Mouffe를 읽지 않는가. 나는 그가 에르네스토 라클라우Ernesto Laclau와 함께 쓴 《헤게모니와 사회주의 전략》이 한국사회에서 무려 1985년에 번역 출간되었다는 사실을 기억해야 한다고 생각한다. 계급의식만 의식이고 지역, 평화, 인권, 젠더, 장애인, 성소수자는 모두 관용의 대상이란 말인가. 이러한 사고방식에 대한 비판 여부로 민주주의의 경계를 정의하면 어떨까. 모두가 의식意識이고 정치적 문제다. 글자 그대로 모두가 새롭게 '머리를 씻어내야 할brainwash' 이념이다. 그런데 왜 어떤 문제는 사회구조적 문제이자 정치학의 범주이고, 어떤 문제는 감성의 문제란 말인가. 그리고 그것은 누가 정한 것인가.

## 개발/발전주의의 원동력, 규범적 남성성

이제 '불편한 진실'을 운운할 때가 아니라 '진실'을 인정해야 할 때다. 사이토 고헤이에 따르면 인류가 1800년대부터 지금까지 사용한 화석연료 중 절반은, 1989년 냉전체제의 해체 이후에 소모되었다. 겨우 30여 년 동안 벌어진 일이다. 한편 최상위 부자 26명의 재산이 전 세계 인구 절반의 재산과 같다. 코로나로 인한 '재난 편승형 자본주의' 덕분에 2020년 봄 미국의 초부유층의 자산은 687조원 늘었다.

전문가들은 지구 멸망 시기를 30년 내외로 보고 있다. 문제는 지구 멸망 자체가 아니다. 동시 멸망이 아니라 선차적 멸망이 문제다. 이는 극소수의 사람은 우주여행처럼 지금보다 더 '발전한' 삶을 누리고, 나머지 사람은 고통 속에서 살아야 함을 뜻한다. 집단면역(위드 코로나) 체제에서 건강·계급 약자가 서서히 죽어간다는 의미다. 인류세Anthropocene, 人類世는 인간의 경제활동이 지구의 지질구조를 근본적으로 파괴하고 있는 상태를 말한다. 기후위기에도 불구하고 발전주의는 지속되고 있으며, 미국도 중국도 대한민국도 예외가 아니다. 대한민국의 진보마저도 발전주의를 포기할 생각은 없다.

발전주의와 젠더는 오래된 의제다. 보부아르가 지적한 대로 발전주의는 성 중립적인 문제가 아니다. 발전주의는 자연과 여성을 대상화하는 남성성의 산물이다. 근대 이후 남성들은 대상화의 속도를 두고 본격적으로 싸우기 시작했다. 지금 우리가 당연시하는 시간관은 인류 역사의 특정한 시기와 지역에서 고안된 역사적 산물이다. 18세기 중반 이후 유럽에서는 기존의 자연적 시간과 구별되는 '역사적 시간' 개념이 탄생했다. '역사'가 하나의 집합적 단수單數 개념으로서 과거의 일, 전사前史를 뜻하기 시작한 것이다. 고대, 중세, 근대라는 세 가지 시대구분은 17세기 중반 이후 점차 일반적으로 쓰이면서 지금은 '역사' 전체를 지칭하지만, 그 자체로 본질적인 역사 개념이라고는 할 수 없다.

역사가 삶의 경험이 아닌 시간의 개념으로 이해되면서, 현재 이전의 시간을 과거로 회고하는 행위가 일상화되었다. 이러한 시간관은 삶과 사회를 수량화·계량화할 수 있다는 기계론적 세계관과 인간이 세계를 만들어간다는 제작성(포이에시스poiesis)을 가능케 했다. 이것이 소위 자연을 개척한다는 생산주의적·제작주의적 세계관, 의지적 이성과 함께 근대적 인식론의 기본요소다. 인간은 의지와 노력으로 자신이 원하는 미래를 앞당길 수 있고, 언제든지 미래를 향해 전진해야 한다는 단선적·발전론적·목적론적 역사관은 근대 국민국가와 자본주의 발전의 동력이었다. 인류가 '도전' '정복'이라는 이름으로 자연을 착취하고 지배하기 시작한 것이다.

시간의 흐름을 착각하거나 정지·왜곡·오기誤記해 시대에 뒤떨어졌다는 발전지향적 의미의 '시대착오時代錯誤'라는 개념은 얼핏 '시기상조時機尙早'와 정반대 방향을 가리키는 듯하다. 하지만 표준시간과 맞지 않아 문제를 일으킨다는 점에서는 두 개념 모두 같은 패러다임에서 작동한다. 정치세력 사이의 공방이나 일상적인 논쟁에서 시대착오와 시기상조 모두 '역사의 법칙'에 따라 상대방을 비판하거나 논쟁 자체를 봉쇄할 때 이보다 더 설득력 있는 논리는 없을 것이다.

언제 어디서나 누구에게나 적용된다고 생각하는, 즉 모든 사람이 균질적인 시간 감각이나 동일한 시대성을 공유한다고 가정하는 보편적 시간 개념 속에서는 '적당한 시기'를 둘러싸고 사회구성원 사이에 갈등이 일어나게 마련이다. 계급·성별·인종·정치적 입장·사회적 위치성에 따라 '적절한 시기' 개념이 매우 다르기 때문이다. 동질적인 하나의 유기체로 상정된 국민국가를 완성하기 위해 "앞으로 나아가야 한다"는 식의 단일한 발전론적 시간 개념에서, 평화·복지·환경·인권 등의 가치는 전진하는progressive 사회의 속도를 지체시키고 방해하는 것일 뿐이다. 어떤 사람에게는 급한 문제가 다른 사람에게는 무관심한 문제일 수 있다. 지금까지 십수 년째 표류 중인 차별금지법이 대표적인 예다.

공간 개념인 '포스트'가 시간 개념으로 오해되면서, 근대의 주체가 남성이라면 여성·자연은 포스트-근대적 존재가 될 수밖에 없다. 그러나 모더니즘도 포스트모더니즘도 동일하게 적용되는 대상이나 공간은 없으며, 시대구분 개념은 더더욱 적용될 수 없다.

"원칙적으로 찬성하지만 지금은 너무 이르다."라든가 "시대를 거꾸로 돌리려는 발상이다." 같은 말로 저마다 자기 입장을 정당화하면서 '적당한 시기'를 논의의 중심으로 삼는 사회에서는 논쟁이 매우 어렵다. 모두 자신을 특정 시간의 대표자로 삼기 때문이다. 이는 정치적 문제의 성격 자체를 논하거나 자신의 정치적 입장을 드러내기보다 '객관적 시간'을 판단기준으로 삼음으로써 자신의 입장이 중립적이고 보편적이라고 주장하는 전략일 뿐이다.

이런 방식의 말하기는 한국사회에서 '진리를 설파하는 데' 가장 쉬운 방식이며, 비非국민의 자기주장을 가로막는 데 매우 효과적이다. 시간 개념은 당위로 간주되기 때문이다. '단수의 시간'은 식민주의의 주된 작동 원리인 근대 역사주의에서 대단히 중요한 개

넘이다. 식민자와 피식민 주민은 시간의 공재성共在性을 갖지 않는다. 다시 말해 '단수의 시간'은 피지배자를 과거의 공간 속에 놓인 존재로 재현한다. 제국주의 초기 '미개척지(야만)'는 이와 같은 시간 개념과 장치를 통해 인류학의 대상이 되었다. 진보적 시간관에서 '우리'보다 몇 년 뒤처진 '타자'의 등장은 특정한 시간 개념 없이는 불가능하다. 대상objects은 시간의 정치 없이 생산되지 않는다.

## 서구를 욕망하는 피해자 의식, 한국의 식민지 남성성

서구 중산층을 중심으로 한 근대 자본주의의 핵가족 신화는 젠더 공장gender factory라고 불릴 만큼 '남성 생계 부양자, 여성 가사 노동자'라는 성역할 이데올로기를 공고히 했다. 그리고 이는 공적 영역에도 확대 적용되었다. 공적 영역에서 성별 분업과 이른바 '여성 직종'의 저임금은 당연하게 여겨졌다. 그러나 이러한 젠더 현실과 재현은 서구 사회에서도 국민이 동질적이지 않았기 때문에 신화일 뿐이었다. 흔히 책임감, 생계부양, 용기 등으로 인식되는 남성성은 실제가 아니라 규범이다. 특히 가난한 남성, 유색인종 남성, 식민지배 치하의 남성은 공사 영역에 걸친 여성의 노동에 의존했다.

분단된 남과 북이 강대국에 의지해 서로를 적대시하는 한반도에서 젠더는 다른 방식으로 구성되었다. 한국사회의 근대 남성성은 서구처럼 국내/가정domestic에서 형성된 것이 아니라, 외세에 대한 공포·대항·억압·의존·우월 등 자기 타자화의 산물이었다. 한국사회의 남성문화는 국제정치학의 전통적인 비유를 적용해, 강자인 외세는 '남성'이고 약자 또는 피해자인 우리는 '여성'이라는 식의 피해의식을 형성해왔다.

이러한 도식을 따르면 미군정 그리고 한미동맹 이후 남한 사회에는 미군(미국) 남성, 한국 남성, 한국 여성이라는 세 가지 젠더가 존재하게 되었다. 여기서 한국 남성은 미국 남성과의 관계에서는 자신을 피해자 여성으로 간주하고, 한국 여성과의 관계에서는 상처받은 자신을 대신해 가정을 부양하는 남성의 역할을 요구한다. 문제는 한국 남성이 두 관계에서 각각 자존심에 상처를 입는다는 것이다. 이것이 '식민지 남성성colonial masculinity'이다.

한국의 진보와 보수가 자신을 구성하는 내용이 없는 이유는 식민지 남성성 때문이다. 이 점에서 차이는 없다. 한국사회의 통치 세력은 외부의 대타자가 누구인가를 기준으로 자신을 구성해왔기 때문이다. 개화기 이후로 보자면 한국사회에서 일본, 북한, 미국, 중국 순서 정도일 것이다. 진보와 보수의 차이가 '지금 여기'의 의제를 둘러싼 대립이 아니라 외부의 적을 누구로 상정하는가에 따라 달라지기 때문에 한국의 민주주의는 '논외'이거나 요원할 수밖에 없다.

한국 현대사를 지배하는 식민 콤플렉스 또는 제대로 된 국가, 더 나아가 '팍스 코리아나Pax Koreana'를 향한 의지의 근원은, 기원을 상정한 역사주의에 기반한다. '아직은 아닌not yet'이라는 사고방식, 즉 지금 여기의 현실을 부정하는 사고에서 비롯된 미래 지향의 추격발전주의는 성장 신화를 지속시키고 탈성장을 상상하지 못하게 만든다. 한국에서 환경운동이 어려운 이유다. 환경파괴에 완전히 무지/무감각ignore한 한국사회의 자연파괴 지향과 주류중심주의의 근원에는 '역사적 시간의 공간화the spatialization of historical time'에 대한 신념이 자리한다. 사람들이 일상적으로 말하는 "우리는 미국의 1990년대" "○○은 서울의 1970년대"와 같은 식의 언설이 대표적이다. 한국사회의 영원한 피해의식은 이런 식으로 분출한다.

한국의 좌우는 민주주의 여부가 아니라 정상적인 국가건설의 방법론으로 갈라진다. 한국의 진보가 '자주국방을 통한 한미동맹'이라면, 보수는 '한미동맹을 통한 자주국방'이라는 식이다. 경제발전, 부국강병 밖의 다른 의제는 '사소한 일'이라는 인식이 사회 전반에 만연해 있다. 여전히 한국사회는 "근대(합리성, 제대로 된 자본주의, 정상국가…)가 실현되지 않았으므로" 부국강병 외의 사회적 이슈에 대한 문제제기는 금기시되거나(군사독재 정권) 시기상조(민간정권)라는 통념이 완강하다. 시간에 따른 역사의 법칙 논리에 따라 '서구가 당도한 그곳'에 빨리 도착해야 하기 때문이다.

나를 포함해 한국사회 구성원 누구도 이러한 생각에서 자유롭지 않다. 구한말 이후부터, 본격적으로는 박정희 시대부터 서구는 기술발전과 민주주의의 모델로 상정되어왔다. 선진국-후진국 구도는 오랫동안 한국사회를 지배했다.

한국의 근대화를 설명할 때 흔히 사용되는 '후발주자'나 '추격발전', '방어적 근대화' 등의 표현에서는 도달해야 할 골인 지점을 눈앞에 둔 달리기 선수의 조급함과 열정이 느껴진다. 특히 '추격발전'이라는 말에는 '근대 서구'라는 명료한 목적지, 맹렬한 속도감, 낙오에 대한 두려움, '역사적 사명'을 향한 각오, 수단과 방법을 가리지 않는 당위와 의지, 비장한 정서 같은 것이 서려 있다. 지난 한 세기 동안 한국사회 구성원을 지배해온 강박관념은 한국이 '전前 근대-근대-후기後期 근대'라는 직선적인 시간선 위에서 어서 앞으로 나가야 한다는 인식이었다. 구한말 극심했던 국내외적 혼란과 굴욕, 이어진 일제하 식민, 미군 주둔으로 인한 '해방', 전쟁과 분단, 군부독재 등 우리가 겪었던 현대사의 모든 고통은 우리를 세계사에서 소외시켰다. "우리는 늦었다"는 생각은 박정희 시대뿐 아니라 지금도 계속되는 노벨상 타령에서도 똑같이 작용한다.

후발주자의 '장점'은 목표(선진국)가 매우 분명하다는 것이다. 근대의 기원이자 발상처로 간주되는 서구에서 근대성은 추구하고 도래할 미래로서 그들에게는 아직 오지 않은 시간으로 인식되었다. 반면 앞서 말했듯 '비서구'인 한국사회는 근대가 서구라는 특정 지역에서 이미 실현되었다고 상상해왔다. 여기서 우리가 도달해야 할 목표 지점으로서 서구는 한국보다 '저 멀리 앞서가 있는 사회' '모두가 잘사는' 균질적이고 추상적인 통일체로 상정된다.

하지만 한국사회가 상상하는 서구는 그 사회 내부의 계급·성별·인종 등의 차별 그리고 자연과 비서구사회에 대한 착취를 통해서 '앞선' 구체적이고 실제적인 서구가 아니다. 식민지 엘리트들이 유학이나 여행을 통해 부분적으로 체험한 것이거나, 일본 방문기나 미디어를 통해서 대중의 욕망이 투사된 상상 속의 서구다. 여기서 '서구'는 비서구사회가 미완未完이라고 생각하는 자기 현실을 정의 내리는 데 필요한 거울상이다. 앞서 말한 대로 '발전한' 서구 내부도 동질적이지 않다. 서구의 국가건설도 완성된 형태가 아니었고, 그들의 세계침략 행위와 더불어 내부에서는 국민 사이의 격렬한 갈등이 있었다. 대표적인 예가 여성참정권 투쟁이다.


## '영영 오지 않을 미래'에서 벗어나야 기후위기도 직면할 수 있다

국가를 대변한다는 남성이 사회적 약자를 억압 또는 '보호'한다는 개념은 반드시 자연에 대한 대상화로 연결된다. 경제제일과 발전주의는 한국사회에서 작동하고 있는 제국의 권력은 물론 한국사회의 후기 식민성postcoloniality에 대한 성찰과 비판을 가로막는다. 목적론적 시간관에 사로잡힌 인간은 과거와 미래 사이에서 방황할 뿐 '지금 여기'에서 자기 지식을 생산하지 못한다. 과거는 바로 전통이 되고 미래는 아직 오지 않았다는 점에서 현재라는 시점은 존재하지 않는다.

서구의 시간을 한국사회에 공간화하는 방식은 '끊임없는 달리기'다. 나도 뛰지만 상대방도 뛰고 있으므로 우리는 오지 않는 기차를 기다리는 대기실 같은 곳에서 북새통을 치며 달리고 있는 것이다. 이러한 욕망의 정치는 자발적 종속의지를 동원할 수 있다는 점에서 사회 구성원을 통제하는 데 더할 나위 없이 유리하다. 민중은 저항만 하는 존재가 아니라 오히려 그 반대인 경우가 많다. "나는 언제나 부족하다…." 아직은 아닌 상태라는 심리가 대중독재를 가능케 한다.

후발주자인 한국에서 전근대사회-산업사회-글로벌 정보화사회는 동시적·혼재적·유동적·주관적 현상이 아니라 기계적 시계상時計上에 근거한 발전 순서로 인식되었다. "서구의 합리성을 비판하기 전에 과연 우리나라에 합리성이 제대로 실현된 적이 있기나 한가." "결국 역사는 진보한다." "역사만이 진실을 밝혀주리라." "개인주의, 자유주의, 시장주의 등 근대의 원론原論조차 제대로 도입하지 못했는데 이를 비판하는 것은 시기상조다." "한국은 산업화와 주권영토국가라는 근대화 과업, 즉 통일국가 수립을 완수하기도 전에 이미 후기 근대를 맞이했다." 이처럼 직선적 시간관을 반영하는 언설은 우리의 일상생활과 지식인 사회, 정부 정책을 막론하고 탄식처럼 터져 나온다. '잃어버린 10년' '역사의 공백', '고장 난 시계' 역시 마찬가지다. 이처럼 우리에게 근대는 이상理想과 희망을 의미하는, 성취해야 할 가치다.

우리 사회의 근대화 논리가 이해되지 않는 것은 아니다. 그리고 나 또한 훈육 세대의 '혜택'을 받은 새마을운동적 인간으로 경쟁 논리에서 자유롭지 않다. 우리는 어느 사회보다 열심히 살아왔다. 그러나 자본주의가 이렇게까지 빨리 지구를 하나로 묶는 동시에 양극화를 가져올 줄은 아무도 몰랐다. 글로벌 자본주의는 한계가 없는 절대적 자본주의다. 인간 활동이 멈추지 않는다면 팬데믹은 당연한 귀결이다.

최근 환경파괴 위에 건설된 기후제국 시대의 팬데믹 상황은 인류의 일상과 삶의 가치, 미래에 대한 전망 등 문명의 조건을 완전히 바꾸고 있다. 이제 더 이상 '적당한 시기'를 주장하기 어려워진 것이다. 최소한 규범적 언설로는 감염과 사망을 "나중에 해결하자"고 말할 수 없게 되었다.

기존의 시간 개념, 즉 시간에 맞춘 발전 순서는 어느 지역에서도 불가능하다. 우리는 닿을 수 없는 미래를 꿈꾸지만 자연을 파괴하며 추구하는 문명 발전이란 망상일 뿐임을 인식해야 한다. 원래 미래未來는 오지 않는 것이다. 그러니 현실을 추동하는 속임수에 그치기 쉽다. 이제 추격발전을 멈춰야 한다. 자본가는 모르겠지만, 최소한 통치세력에게는 팬데믹이 모두의 문제라는 인식은 생겼을 것이라고 본다. 포스트 국민국가는 방역으로 다시 소환되었고 기후제국 시대의 민주주의는 보살핌의 윤리care ethics, 생활협동조합 운동, 로컬푸드, 인구 분산 등 완전한 발상의 전환을 요구하고 있다. 이제 진보세력의 '임무'는 새로운 계몽의 세기를 맞아 자기 몸의 변화를 기획하는 일이다.

# 05

## 너무 익숙해서 낯선
## 일상적 인종주의

한국에는 정말
인종차별이 없을까?

**_조영한**

갈수록 한국을 찾아오는 이주민이 늘어나고 '한류' 등 한국에서 생산된 문화상품이 전 세계적으로 유행하면서 우리 사회는 새로운 경험을 하기 시작했다. 대중문화 등 한국에서 시작된 다양한 현상에 'K'를 붙일 만큼 자부심이 커진 '국뽕'의 시대에 들어서면서 많은 한국인이 이전에 경험하지 못했던 우월감을 느끼고 있다. 일상적 인종주의는 이러한 우월감을 통해 국가주의/민족주의와 더욱 강하게 결속된다. '우리 한국인'에게 이로운 집단과 해로운 집단을 구별하는 국가중심주의는 인종주의를 도덕적이고 정당한 요구로 둔갑시키고 있는 것이다.

## 왜 한국사회는 인종주의를 문제 삼지 않는가

나는 매일 아침 스마트폰으로 포털서비스의 뉴스와 사회관계망서비스의 타임라인에 올라와 있는 게시물을 훑어보는 것으로 세상과 만나기 시작한다. 그러다가 내 정서와 잘 어울리는 제목을 발견하거나 나의 미간을 찡그리게 만드는 게시물이 확인되면 해당 기사를 클릭하고 주요 내용과 댓글을 확인한다. 전자보다는 후자의 경우에 댓글을 더 많이 확인한다. 그렇게 미디어와 온라인 공간에 다양한 개인이 쏟아놓은 이야기를 확인하면서 나 역시 불필요한 감정을 표출하다 보면 한국사회에서 인종주의적 보도와 재현 그리고 발언이 일상적으로 실천되고 있음을 깨닫는다. 그와 동시에 두 개의 상반된 질문이 떠오른다. 한국사회는 왜 인종주의를 부인하는가? 그리고 인종주의에 대한 질문이 지금 한국사회에 정말 필요한가?

인종주의 담론이 한국사회에서 쉽게 발견됨에도 불구하고, 한국사회는 인종주의가 별로 심각하지 않다고 생각한다. 그리고 인종주의가 문제라고 말하면 부정적으로 대응한다. 왜 그럴까? 한국사회는 젠더·세대·계급 문제를 비롯해 즉각적인 해결이 필요한 각종 정치적·경제적 갈등이 넘친다. 이러한 상황에서 인종주의는 한국사회가 시급하게 해결해야 할 문제냐는 반론이 제기될 수 있다. 한국사회는 인종주의를 미국처럼 다양한 인종이 뒤섞인 사회, 특히 흑인과 백인 사이의 갈등이 심한 사회의 문제로 여기며, 더 나아간다 해도 '서양인 사이에서 차별받는 아시아인'이라는 인식에서 벗어나지 못하는 듯하다. 한국사회에서 인종주의를 문제로 제기하는 순간, 자동으로 폐기되는 듯한 의식의 흐름은 내 안에 두 개의 자아가 있다는 느낌마저 준다.

나는 이 글에서 한국사회가 인종주의를 습관적으로 실천하고 자연스럽게 여기기에 '우리'의 문제로 인식하지 못하는 양상을 살펴보려 한다. 현재 한국사회의 인종주의가 젠더·세대·계급·지역 등의 이슈와 구별되는 것, 정치와 경제의 외부에 있다고 여겨지는 것, 그래서 '우리'와 상관없는 것이라고 느껴지는 현상은 바로 인종주의가 우리 안의 (새로운) 파시즘으로 작동하고 있음을 보여준다.


## 한국사회에 만연한 일상적 인종주의

2000년대 이후 급속하게 진행된 세계화의 흐름 속에서 민족주의의 부활과 함께 인종차별의 흐름 역시 발견된다. 세계시민주의와 초국가주의에 대한 낭만적 기대는 역설적으로 새로운 종류의 인종주의를 자극했다. 전 지구적으로 확산된 신자유주의는 정치적·경제적 양극화를 가속시키면서 인종주의적인 정서와 폭력의 확산도 불러일으켰다. 한국도 1990년대부터 시작된 세계화와 함께 2000년대 중반에는 다문화정책을 본격적으로 시작했다. 최근에는 한류의 인기로 인해 아주 다양한 외국인이 한국에 머물고 있다. 그러나 이러한 흐름과 함께 자국민 우선이라는 구호 아래 다양한 소수자 차별, 난민 반대, 혐오발언 등 인종주의 정서 또한 구체화되고 있다.

나는 한국사회에서 인종주의를 고찰하는 동시에 인종주의를 부인하는 '부정의 정치학'을 이해하고자 '일상적 인종주의'라는 틀을 제안한다. 여기서 논의하는 일상적 인종주의는 일상의 영역에서 반복적이고 습관적으로 실천되는 구분과 배제의 정치를 가리킨다.

일상적 인종주의는 인종주의가 매일everyday 발생한다는 일상적 특성, 어디에서나 발생한다는 편재성omnipresence, 그럼에도 불구하고 쉽게 문제로 여겨지지 않는다는 평범성banality을 포괄한다. 일상적 인종주의라는 새로운 유형의 혐오, 편견 그리고 차별은 매일 우리 주변에서 발생한다. 하지만 주류 집단은 이러한 유형의 차별을 별것 아닌 것 또는 익숙한 습관이나 '모두'가 동의하는 상식적이고 평범한 것으로 여긴다. 그러나 일상적 인종주의는 결코 순진한 이데올로기가 아니며, 직접적으로는 누군가를 차별하거나 불이익을 가하지 않는 것처럼 보이더라도 유해하다. 평범함의 외투 속에서 일상적 인종주의는 반복적이고 습관적으로 실천되는 언어, 감정 그리고 태도를 통해 규범과 제도로 구조화되고, 많은 경우 직접적인 차별과 육체적인 폭력으로 승화된다.

일상적 인종주의는 피부색·민족·인종과 같은 생물학적 차이뿐아니라 문화적 차이를 통해 형성되고 구체화된다. 특히 특정한 집단의 문화·종교·음식·습관과 같은 문화적 요소를 이유로 특정 집단을 배제하는 새로운 인종주의가 널리 퍼지고 있다. 피부색과 같은 고정된 기준으로 차별을 하는 것이 아니기에 다양한 소수자가 일상적 인종주의의 대상이 될 수 있다.

일상적 인종주의는 일상의 발화, 미디어의 재현 그리고 상호작용 등 다양한 언어와 담론의 차원에서 시작된다. 인종주의적 담론은 다시 주류 사회의 지식과 상식, 규범을 형성하고 특정한 세계관을 부여한다. 사회 구성원에게 쉽게 퍼져 나가는 지식과 상식의 체계는 종종 특정한 제도와 기구 등으로 구조화된다. 그리고 기존 사회의 세계관과 편견을 반영한 제도와 기구는 일상의 실천에 다시 영향을 준다. 일상적 인종주의는 살아 있는 권력으로서 개인의 생각과 행동의 틀을 규정하는 동시에, 인종주의를 증폭시키는 구조를 형성한다.

일상적 인종주의의 또 다른 특성은 감정의 차원으로 쉽게 넘어간다는 것이다. 일상적 인종주의의 언어와 담화는 친근하고 재미있으며 사소해 보이게 사용되면서 시작된다. 하지만 이러한 담화가 특정 대상을 향해 집중될 때 무시, 냉소, 분노 등의 감정을 동반하며 언제든지 정신적·육체적 폭력으로 변할 수 있다. 일상적 인종주의는 결코 순진하거나 무해한 영역에 머물지 않으며, 특정한 맥락에서 구조화되어 차별을 영속시킬 뿐 아니라 다양한 방식으로 대상을 괴롭힌다. 그런 의미에서 일상적 인종주의는 차별 받는 대상에게 결코 '일상적'이지 않다.

## 일상적 인종주의는 어떻게 작동하는가

일상적 인종주의는 평범해 보이는 개별적인 언술로 시작해 특정 집단에 대한 스테레오타입을 '상식'으로 만들고, 특정 집단을 열등한 존재로 차별하고 비난하는 방식으로 작동한다. 일상적 인종주의는 '특정 집단을 우리와 구분 짓기' '특정 집단을 본질화하기' '그들을 문제의 원인이자 통치의 대상으로 삼기' 등 크게 세 가지 방식으로 진행된다. 이 세 가지 작동 방식을 우리 사회에 또 하나의 소수자로 등장한 다문화자녀를 중심으로 살펴보자.

일상적 인종주의의 첫 번째 작동 방식은 특정 집단을 '우리'와 다른 그들로 구분하는 것이다. 구분은 차별과 배제, 낙인의 언어로 작동하지만, 때로는 배려나 동정과 같이 평범한 언어와 태도로 나타나기도 한다. 그럼에도 불구하고 소수자를 '우리'와 다른 무엇인가로 규정하는 반복적인 구분 행위는 그들에 대한 선입견을 형성하면서 체계적으로 낙인 찍는다.

'다문화'라는 용어는 2000년대 중반 이후 이주여성의 결혼과 출산에 대한 국가정책을 호명하면서 한때 다양한 부처와 기관, 사회단체가 유행처럼 사용했다. 그리고 다문화는 이제 이주여성과 그들의 자녀를 한국사회에서 보호받아야 할 열등한 존재인 동시에 차별의 대상으로 구분 짓는 담화적 실천discursive practice이 되었다. 다문화자녀는 태어나면서부터 다문화라는 호칭을 달면서 다양한 단계에 진입할 때마다 '다문화에 속한 무엇'으로 규정된다. 그들은 학교에서는 '다문화가정 학생', 군복무를 할 때는 '다문화 사병'이란 명칭을 부여받는다. 하지만 다문화자녀의 대다수는 결혼이주여성과 한국인 아버지로 구성된 가족의 2세대로서, 부계중심사회인 한국에서 출생과 동시에 대한민국 국적을 얻는다. 다시 말해 이들은 여타 한국인 자녀와 법적으로 구별되지 않는 한국인이지만, 결혼이주여성의 자녀라는 이유로 출생과 함께 '다문화 출생아'로 구분된다. 다문화자녀는 '우리'와 구분될 뿐 아니라, 한국사회의 배려와 지원이 필요한 대상으로 분리된다. 불행하고 가난한 가정 출신이기 때문에 돌봄이 필요한 다문화자녀에게 다양한 복지 프로그램을 요청하는 배려와 메시지는 그들을 열등한 약자로 형상화한다.

두 번째 작동 방식은 특정 집단을 본질화하는 것으로, 인종적이고 문화적인 특징을 기반으로 특정 집단을 압축적으로 사유하는 방식을 말한다. 다시 말해 한 개인을 온전한 개인이 아닌 특정 집단의 일원으로 일반화하는 방식이다. 일상적 인종주의가 소수 집단의 개인을 온전한 개인으로 받아들이지 않는 것은 그들을 목적이 아닌 수단으로 여기는 것이고, 주체가 아닌 대상으로 만드는 것이다.

다문화자녀는 외국인 부모, 특히 결혼이주자인 어머니의 출신 국가와 문화, 언어를 가정에서 학습할 수 있기 때문에 종종 이중언어를 구사할 수 있는 인재로 묘사된다. 한국사회는 다문화자녀의 이중언어 능력을 강조하고 이들을 '글로벌 리더'로 부르면서,

다문화자녀들이 한국과 어머니 나라를 연결하는 가교 역할을 할 것이라 기대한다. 이는 다문화자녀의 잠재력을 강조하는 동시에 그들의 가능성을 어머니의 출신 국가와 언어에 한정함으로써, 또 다른 형태의 꼬리표를 붙인다는 점에서 명백한 차별 행위다. 저출산/고령화 문제에 봉착한 한국사회에서 그들은 국가경쟁력을 강화시켜줄 자원으로 간주되지만, 그들의 잠재력은 다문화라는 특성, 즉 어머니 나라의 언어와 문화에 한정되면서 전형화된다.

글로벌 인재 담론으로 다문화자녀를 호명하는 것은 그들이 '소수자답게' 행동하도록 강요하며 그들에 대한 고정된 이미지를 확산하는 효과를 불러일으킨다. 이는 미국에서 아시아계 자녀들에게 '이상적 소수자'라는 전형화를 통해 성실하고 모범적인 이민자라는 수사를 제공하지만, 또 다른 인종적 편견을 재생산하고 인종차별의 본질을 희석시키는 것과 비슷하다. 한국사회가 정한 틀 속에서만 인정받는다는 것은 여전히 다문화자녀가 한정된 영역에서 사회에 도움이 되는 조건에서만 환대받는다는 것을 가리킨다. 본질화하는 방식은 다문화자녀 개인의 개별성을 인정하지 않은 채, 집단의 언어와 문화를 전제로 그들을 대상화하고 주류 사회의 이익을 위한 도구로 전환하는 인종주의 논리를 반복한다.

일상적 인종주의의 세 번째 작동방식은 특정 대상이나 집단을 사회의 문제이자 관리해야 할 통치의 대상으로 삼는 것이다. 소수 집단이 주류 사회의 기대와 허가에 순응하는 수준, 즉 주류 사회의 관용의 윤리 안에 머물 경우 그들은 사회의 승낙과 지원을 제공받는다. 하지만 그 승인의 경계를 넘어서는 순간 그들은 사회 문제의 원인이자 적극적인 통치의 대상이 된다.

다문화자녀는 '우리 한국인' 자녀에게 불이익을 주며 교육 현장에서 공정과 평등의 가치를 깨뜨리는 역차별의 원인으로 묘사된다. 다문화자녀로 인해 '우리 한국인' 교사가 과도한 업무 스트레스를 받고, 그들에게만 제공되는 프로그램과 정책은 '우리 한국인' 자녀에게 역차별로 작동한다는 것이다. 인종주의 담론에 물든 사람들은 다문화자녀를 위한 교육과정을 "우리의 세금이 외국인을 위해 낭비된다."라는 차별적인 수사로 비판하면서 '국민 우선' 구호를 반복하며 인종차별 논리를 정당화한다. 인종주의적 시선에서 다문화자녀는 한국인임에도 불구하고 '우리'와 동일한 '한국인'일 수 없는 것이다. 이렇듯 일상적 인종주의는 다양한 학생을 위한 교육과정을 역차별로 여기고 다문화자녀를 문제의 원인으로 돌림으로써 그들을 사회 문제이자 통치 대상으로 삼는다.

또한 주류의 관점에서 다문화자녀는 한국사회를 잠재적으로 위협하는 요인으로 여겨진다. 다문화자녀를 잠재적인 불안요소로 상상할 때는 서구 사회의 이민자 봉기나 '외로운 늑대lone wolf' 등을 선택적으로 참조한다. 아직 발생하지 않은 위험에 대한 선택적 상상은 다문화자녀를 '그들'로 분리하여 '우리'와 다른 집단으로 여기는 데 기여한다. 아직 발생하지 않았어도 언제라도 위험이 나타날 수 있다는 정서는 두려움을 증폭시킨다.

한국사회에서 특정 집단을 구분 짓고 집단의 특성을 본질화하며 그들을 통치 대상이자 문제의 원인으로 여기는 의식은 다문화 자녀만을 대상으로 삼지 않는다. 일상적 인종주의는 이주민, 성소수자, 취약계층, 장애인, 여성 등 다양한 사회의 소수자를 대상으로 작동하고 있다.


## 왜 누군가는 한국사회에 인종주의가 없다고 하는가

한국사회에서는 소수자에 대한 일상적 인종주의를 아주 쉽게 찾을 수 있다. 대상도 다양해지고 있고 그들을 희화화하는 신조어와 농담, 욕설도 쉽게 발견할 수 있다. 그럼에도 불구하고 왜 많은 사람은 스스로를 인종차별과 무관한 '중립적인 위치'에 놓거나 더 나아가서는 피해자로 위치시키는 것일까? 일상적 인종주의를 부정하는 논리를 이해하는 것은 한국사회가 일상적 인종주의로부터 멀어지기 위한 첫 걸음이다.

한국사회에서 인종주의에 대한 부정의 논리는 인종주의가 피부색 등 생물학적 차이에 근거해 작동된다는 믿음에서 비롯된다. 이러한 믿음은 생물학적 차이에 따라 인류를 구별하고 서열을 매긴 고전적 인종주의에 대한 이해에서 나온다. 고전적 인종주의는 근대 시기에 서구가 비서구를 정복하면서 확장된 것으로, 지배와 정복을 정당화하는 논리로 발전한다. 백인을 정점으로 한 인종주의적 사유는 개화기와 일제강점기에 '사회진화론(사회적 다윈주의)'으로 받아들여져 일본 제국의 지배를 정당화하는 동시에 조선 민족을 강하게 만들기 위한 논리로 활용되었다. 피부색 등 생물학적 차이만을 강조하는 것이 인종주의라고 믿는 이들은 현재 세계화 시대의 새로운 인종주의에 대한 논의와 경고의 목소리를 애써 외면하고 있다. 그들은 이러한 믿음을 바탕으로 한국에서 동남아 출신 이주민이나 조선족에 대한 차별은 인종주의가 아니라고 항변한다.

인종주의를 부정하는 또 하나의 논리는 폭력적 행태만을 인종주의적이라고 여기는 사고에서 비롯된다. 여기서 인종주의는 나치의 유대인 학살이나 1990년대 동유럽의 인종말살분쟁을 가리키고, 폭동, 상해, 약탈 그리고 무차별한 욕설이나 크고 작은 폭력 등을 수반하는 것으로 좁게 이해된다. 이러한 전제에서 한국은 폭력 없이 안전한 사회로 담론화되고, 한국인은 소수자에게 직접적인 폭력이나 욕설을 행사하지 않는 주체로 상상된다. 동시에 한국인이 개별적으로 해외에서 겪었던 인종차별, 욕설, 폭력에 관한 경험담은 다양한 방식으로 공유되면서, 한국인은 폭력적인 인종주의의 피해자라는 위치에 놓인다. 과거와 달리 해외여행이나 외국 체류가 빈번한 젊은 세대에게도 한국인은 여전히 인종차별의 피해자이고, 한국에서는 인종주의가 발생하지 않는다는 생각이 많이 공유되었다. 이러한 논리 속에서 다양한 소수자를 전형 안에 가두거나 그들에 대한 편견을 강화하는 말과 행동은 폭력적 언행을 필수적으로 동반하는 인종차별과 무관하다.

이와 같은 두 가지 부정의 논리, 즉 고전주의적 인종주의와 폭력적 인종주의를 근거로 한국사회의 인종주의를 부정하는 것은 지식 차원의 부정을 의미한다. 다시 말해 한국사회의 주류 구성원이 소수자가 주류와 왜 그리고 어떻게 다른지 귀 기울일 여지가 있다는 것이다. 그렇다면 21세기의 많은 지역과 국가에서 경험하는 인종주의는 문화적 인종주의 또는 '인종 없는 인종주의'라 불릴 만큼 새로운 양태를 드러내며 한국도 예외가 아님을 적극적으로 이야기해줄 필요가 있다. 그리고 주류 집단이 한국사회에서 경험하고 상상하는 안전에 대한 감각은 상대적으로 많은 위험과 폭력에 노출된 소수자의 감각과 크게 다를 수 있음을 논의해야 한다.

하지만 현실에서 인종주의를 둘러싼 논쟁은 지식과 이성의 차원에 그치지 않는다. 오히려 인종주의에 대한 지적을 '위선'으로 여기면서 부정적인 감정을 적극적으로 드러낸다. 이 지점에서 한국사회가 인종주의를 부정하는 세 번째 논리가 도출된다. 여기서 위선은 여러 가지 방식으로 조롱의 대상이 된다. 예를 들어 인종주의에 대한 지적을 하는 사람에게는 "잘난 척 한다" 또는 "너나 잘해라"라는 식으로 조롱하거나, 현실과 동떨어진 이야기이거나 동화책에서나 가능한 일이라며 현실성에 호소한다. 때로는 인종주의에 대한 어떠한 토론도 거부하면서 "그냥 싫다" "배째라"라고 선언한다. 인종주의에 대한 논쟁에서 대화는 사라진 채 인종주의를 문제 삼는 상대방을 비웃고 멸시하는 발언만 남으면서, 인종주의를 비판하는 이들에게는 씁쓸한 감정만 남는다.

논리와 대화를 거부하는 방식의 부정은 갈수록 빈번해지는 정치적 올바름에 대한 거부와 전문가의 판단과 진단을 존중하는 전문가주의에 대한 냉소를 반영한다. 이와 같은 감정적인 부정의 논리는 일상적 인종주의에 대한 진단과 고찰을 더욱 어렵게 만든다. 개인적인 경험을 통해 객관적인 세계관으로 비약한 인종주의에 대한 관념은 온라인 공간의 논쟁을 통해 집단적인 정서를 형성한다. 이는 종종 오프라인에서 반다문화, 반난민, 반성소수자 그리고 반여성 등의 움직임으로 펼쳐진다. 일상적 인종주의에 대한 부정은 현실에 대한 눈가림에서 멈추지 않고, 상대에 대한 조롱과 냉소, 무시가 집단적으로 형성되어 분노와 불만, 폭력으로 분출된다. 고전적이고 폭력적인 인종주의를 넘어서 일상적 인종주의에 대한 폭넓은 논의와 공감 그리고 대안을 공유하기 위해서는 이성적인 영역뿐만 아니라 감정적인 영역에서의 부정의 논리를 충분히 고찰하고 이해할 필요가 있다.


**우리 안의 일상적 인종주의, 어떻게 할 것인가**


이제 처음에 던진 질문에 나름대로 답을 할 차례다. 한국사회에는 인종 외에도 계급, 세대, 젠더 등 다양한 문제가 있고, 2020년부터 지속된 코로나19 팬데믹이라는 상황 속에서는 물질적인 동시에 정신적인 생존의 위협도 받고 있다. 미국과 유럽에서는 정치적·경제적 불안정 속에서 인종 문제가 총기사고 등 다양한 폭력의 형태로 다시 등장하고 있다. 그럼에도 왜 지금 여기에서 일상적 인종주의에 대한 고찰이 절실한가?

우선 일상적 인종주의의 확장성을 들 수 있다. 생물학적 이유뿐 아니라 다양한 문화적 차이에 근거한 현재의 인종주의에서는 누구나 공격 대상이 될 수 있다. 내가 어떠한 이유에서든지 사회에서 소수자의 위치에 놓일 때 나는 인종주의의 피해자가 될 수 있다. 물론 최근 반다문화 운동이 강조하는 역차별론처럼 주류 구성원이 곧바로 인종주의의 피해자가 된다는 말은 아니다. 실제로 인종주의의 대상이 되는 이들, 즉 빈곤층, 난민, 청년, 노인, 특정 지역 출신, 장애인 그리고 이주민은 사회의 소수자라는 점에서 비슷한 처지에 놓인다. 그리고 주류 사회가 사용하는 차별의 언어와 논리 또한 서로 닮았다. 일상적 인종주의는 평범하고 친근한 유머와 신조어로 시작되다 보니 누구나 인종주의를 의식하지 못한 채 사용한다. 그러다 보면 일상의 실천은 어느새 체계적이고 구조적인 차별로 확장된다.

일상적 인종주의는 미디어 환경의 변화로 인해 더욱 증폭된다. 스마트폰과 인터넷, 사회관계망서비스의 연결로 누구나 언제든지 일상적 인종주의의 대상이 될 수 있는 조건이 마련되었다. 운전자가 여자라는 이유로 '김여사'로 일반화되어 인터넷에서 조리돌림을 당하고 무책임한 사람으로 낙인 찍히는 것이 대표적이다. 어른들이 무심코 사용하는 인종주의적 신조어는 인터넷으로 퍼져 교실에서 아이들이 소수자를 괴롭히는 용도로 활용된다. 현재 정보가 유통되고 확장되는 속도와 범위는 과거와 비교할 수 없을 정도로 빠르고 전방위적이다. 이를 통한 일상적 인종주의의 확장은 어떤 폭력과 비교할 수 없을 정도로 위협적이다.

일상적 인종주의는 최근 많은 국가와 사회에서 발생하고 있지만 한국사회에서 더욱 큰 문제로 떠오르고 있다. 일상적 인종주의는 개인적인 동시에 역사적이고 구조적인 요소의 결과물이기 때문이다. 앞서 이야기한 바와 같이 한국사회의 인종주의는 근대 이후 사회진화론적 세계관 속에서 작동했다. 이러한 세계관 속에서 한국인은 인종주의 위계의 상층부가 아닌 하층부에 속했고 서양, 백인 그리고 백인이 되고 싶은 일본을 모방하고 추월하려는 욕망에 강하게 이끌렸다. 식민지배를 경유한 인종주의 위계에서 경험한 열등감은 분단과 전쟁, 군부독재에서 반복되었다.

그런데 갈수록 한국을 찾아오는 이주민이 늘어나고 '한류' 등 한국에서 생산된 문화상품이 전 세계적으로 유행하면서 우리 사회는 새로운 경험을 하기 시작했다. 대중문화 등 한국에서 시작된 다양한 현상에 'K'를 붙일 만큼 자부심이 커진 '국뽕'의 시대에 들어서면서 많은 한국인이 이전에 경험하지 못했던 우월감을 느끼고 있다. 일상적 인종주의는 이러한 우월감을 통해 국가주의/민족주의와 더욱 강하게 결속된다. '우리 한국인'에게 이로운 집단과 해로운 집단을 구별하는 국가중심주의는 인종주의를 도덕적이고 정당한 요구로 둔갑시키고 있는 것이다.

일상적 인종주의는 근대 이후 사회진화론적 세계관 속에서 자신을 낮춘 열등감과 최근의 변화 속에서 분출된 제국주의적 욕망·우월감의 합작품이다. 그래서 한국사회의 일상적 인종주의는 폭력적인 동시에 매우 자기방어적이다. 일상적 인종주의는 새로운 외피를 둘러 너무 일상적이고 눈에 띄지 않아서, 폭력의 당사자가 아니면 쉽게 인지하지 못하는 우리 안의 파시즘으로 작동하고 있다.

새천년이 시작되던 우리 사회에서 '우리 안의 파시즘'이라는 화두를 던졌던 임지현은 당시 《우리 안의 파시즘》 서문에서 "아마도 질식할 듯한 중압감으로 다가오는 "무엇을 할 것인가?"라는 질문에 대한 우리의 소박한 답변은 먼저 우리 사회의 결을 읽는 데서부터 시작"한다고 말했다. 나 역시 문화연구자로서 임지현의 제안에 충분히 동의한다. 그로부터 20년가량 지나 우리 안의 파시즘을 다시 논의하는 지금이야말로 한국사회를 세밀하게 이해하고 그동안 우리 사회에 어떤 변화가 있었는지를 촘촘히 따져보아야 할 때다.

나는 일상적 인종주의를 고찰하자고 이야기하면서 세밀한 이해와 촘촘한 분석과 함께 한 가지를 더 제안하고 싶다. 우리 안의 파시즘과 일상적 인종주의에 대한 고찰이 누군가를 판단·규정하고 낙인 찍는 작업이기보다, 우리가 인종적으로 다른 사람을 이해·공감하고 인종주의를 주된 사회 문제로서 환기하는 작업이어야 한다는 것이다. 내가 일상적 인종주의라는 관점을 제안하면서 인종주의에 대한 한국사회의 부정의 논리를 논의한 것은 "누가 인종주의자인가?" 또는 "누가 일상적 인종주의를 말과 행동으로 실천하는가?"를 판단하고 규정하는 데 목적이 있지 않다. 이러한 판단과 규정은 서로 간의 더 나은 이해와 활발한 대화를 이끌어내기보다 대화의 장벽과 상호 불신 그리고 또 다른 냉소와 분노를 불러온다. 지금 더욱 절실하게 요구되는 태도는 엄밀한 이론과 냉정한 분석 그리고 확고한 신념보다 대상에 대한 이해와 공감을 통해 공통의 문제의식을 공유하도록 환기하는 것이다.

여기서 '이해'는 한국사회의 일상적 인종주의를 무심코 또는 의식적으로 반복하는 실천의 매커니즘과, 그것을 은폐·부인하고 타인에게 책임을 돌리는 논리를 간파하는 것을 동시에 의미한다. 일상적인 대화와 상호작용의 현장에서 그리고 언론과 인터넷 공간에서 유통되는 언어와 이미지가 만들어내는 일상적 인종주의의 양태와 특성을 분석하고, 그것이 재생산하는 상식/지식의 체계와 감정의 구조를 정확하게 이해하는 작업이 필요하다.

이를 바탕으로 우리 역시 일상적 인종주의의 가해자이면서 피해자일 수 있음을 '공감'하는 단계까지 나아가야 할 것이다. 우리 안의 파시즘은 정치적 신념, 교육의 정도, 경제적 계층이나 젠더로 미리 결정되는 것이 아니라, 특정한 계기와 맥락을 통해 구체화될 수 있음을 인정해야 한다. 나와 타인이 그리고 우리와 그들이 본질적으로 다르지 않음을 공감함으로써 대화는 시작될 수 있다. 동시에 한국사회가 충분히 인종주의적임을 인정하는 것에서 개인적이고 사회적인 트라우마로서의 인종주의를 극복할 수 있는 가능성을 찾아보아야 할 것이다.

일상적 인종주의에 대한 이해를 통해, 그리고 나도 너와 다르지 않다는 공감을 통해 한국사회가 인종주의적 사고와 행위, 구조로부터 멀어지려는 노력이 필요함을 '환기'시켜야 한다. 일상적 인종주의에 대한 고찰은 결코 한번에 이뤄질 수 없다. 역사적이고 구조적으로 덧입힌 진화론적 세계관과, 인종주의 위계에서 한 단계라도 위로 올라가려는 욕망, 한국사회가 여전히 인종주의 위계의 사다리를 다 올라가지 못했다는 데서 비롯된 절망감은 일상적 인종주의에 대한 고찰과 인종주의로부터 멀어지려는 실천을 끊임없이 발목 잡을 수 있다. 그럼에도 불구하고, 아니 그렇기 때문에 일상적 인종주의를 고찰하고 이를 통해 한국사회가 인종주의로부터 멀어질 수 있다는 희망을 환기하는 것은 절실한 과제다.

한국뿐 아니라 동아시아 그리고 전 세계에 국가주의라는 망령이 세계화와 신자유주의의 역풍과 더불어 슬금슬금 힘을 얻고 있다. 한류로 인해 전세계에 한국, 한국어 그리고 한국문화에 대한 관심이 높아지면서 우리 안의 파시즘과 일상적 인종주의를 환기하는 것이 한국인 외의 사람들에게는 자칫 '그들만의 리그'처럼 여겨질 수 있다. 그럼에도 일상적 인종주의에 대한 고찰이 나와 너 그리고 우리와 그들이 크게 다르지 않을 뿐 아니라 서로에 대한 이해와 공감을 통해 일상의 변화를 시도하는 계기가 되기를 희망한다.

# 06

## 주목경제 시대의
## 주인공, 관종

프로보커터는 어떻게
담론을 오염시키는가?

**_김내훈**

'일침'과 '사이다'의 향연 가운데서 상호존중이 설 자리는 없다. 오히려 상대방을 시원하게 모욕하고 도발하며 '연승'을 거둔 사람은 해당 커뮤니티에서 '네임드'가 된다. 이런 사람이 인터넷 커뮤니티를 넘어 본격적으로 미디어 전면에 나서면 프로보커터로 성장해 다양한 도발 퍼포먼스로 담론을 오염시킨다. 오늘날 정치와 언론이 신뢰를 회복하지 못하고 제 기능을 못하는 상황에서, 포퓰리스트들과 프로보커터들은 또렷한 전선, 절대 악을 상정한 선동과 도발로써 '우리'와 '그들'을 분리해 정치적 부족주의를 더욱 심화시킨다.

## '관종' 또는 '프로보커터'의 시대

누구나 한 번쯤, 삼척동자도 유튜버를 꿈꾸는 시대다. "나도 다 때려치우고 유튜버나 할까."라는 말을 한숨 쉬듯 뱉는다. 유튜버로 성공하는 길이 매우 멀고도 험하다는 사실을 모르는 건 아니다. 하지만 언뜻 보기에 별것 아닌 것처럼 보이는데 엄청난 조회 수와 구독자 수를 기록하고 편하게 앉아서 떼돈을 버는 것만 같은 사람이 심심찮게 보인다. 일견 쉬워 보이는 '먹방'이나 '겜방(게임 방송)'을 말하는 게 아니다. 먹방이나 겜방 유튜버는 음식을 먹거나 게임을 하는 와중에도 시청자의 흥미를 유지하기 위해 프로 MC에 버금가는 입담을 구사해야 하는 등 엄청난 노력이 필요하다.

내가 여기서 말하는 유튜버는 최근 몇 년간 한국뿐만 아니라 세계적으로도 급증한, 수단과 방법을 가리지 않고 조회 수를 높이려는 일념으로 그 어떤 만행과 추태도 불사하는 사람을 가리킨다. 결국 유튜브 방송의 성패를 가르는 것은 사람들의 주목을 받는 정도, 즉 조회 수이기 때문이다. 높은 조회 수가 성공을 결정한다는 것은 순환논리 같지만, 그 어떤 짓을 벌이든 조회 수를 올리기만 하면 성공할 수 있다는 말이기도 하다. 주목과 관심을 끌기 위해서라면 도발과 막말, 폭언, 혐오발언, 사회적 금도를 깨버리는 행위도 용인되며 권장되기까지 한다. 그렇게 수단과 방법을 가리지 않고 많은 사람의 이목을 끌어서 이뤄낸 '성공'은 경제적인 이익만이 아니라 정치적인 영향력으로 이어지기도 한다.

경제적인 이익을 얻을 수 있는 이유는 지금이 '주목경제attention economy'의 시대이기 때문이다. 무한히 공급되는 정보는 희소성이 없으므로 그 자체로는 가치가 없다. 정보에 가치를 부여하는 것은 인간의 유한한 주목과 관심이다. 따라서 주목과 관심의 주고받음은 엄연한 경제행위다. 정보가 얼마나 유익하든지 많은 사람에게 노출되지 않으면 가치가 없다. 그런데 대다수 사람은 무한한 정보 가운데서 유익한 것을 추려내는 데 한계가 있기 때문에, 으레 검색 결과 첫 페이지에 뜨는 것 중 눈길을 끄는 썸네일이나 제목을 단 정보부터 관심을 가진다. 그나마도 어떤 정보에 주목하려고 하면 금세 다른 정보가 수없이 밀려와 주목의 밀도가 급격히 떨어진다. 따라서 정보 공급자들의 주목 경쟁이 더 심해지고, 콘텐츠는 더 자극적이며 선정적으로 변한다.

정치적인 영향력으로 이어질 수 있는 이유는 지금이 '정치적 부족주의political tribalism'의 시대이기 때문이다. 정치적 성향과 의견을 달리하는 사람들이 한곳에 모여 동등한 위치에서 합리적인 토론을 벌일 가능성은 크게 줄어들었다. 오히려 비슷한 성향을 가진 사람들끼리 모여 의견과 감정을 주고받는 과정에서 그들이 개별 사안에 대해 갖는 의견을 극단적으로 증폭시킬 가능성만 커졌다. 다른 성향을 가진 사람들은 양극단으로 갈려, 마주친 적도 없고 대화를 나눠본 적도 없이 서로를 향한 증오와 혐오를 자가 발전한다. 여론이 양극으로 갈라지면서 생긴 빈틈을 '관종'이 비집고 들어간다. 그 틈에서 관종은 온갖 황당하고 폭력적이며 선정적인 만행을 상연하면서 이목을 끈다. 이들이 벌이는 상연에 과격한 정치적 메시지가 더해진다. 한국사회가 당면한 문제의 근본 원인으로 특정한 개인이나 집단을 '좌표'로 찍어 공격을 선동하며, 대상이 발끈할 때까지 집요하게 폭언을 퍼붓고 헛소문을 퍼뜨리는 식이다. 이에 '사이다'와 같은 청량감을 느낀 사람들은 관종을 일종의 운동가, 언론인, 비평가로 치켜세우고 후원금을 보태며 추종세력을 형성한다. 그렇게 힘을 얻은 관종은 더 날뛰면서 정치적 영향력을 행사하려 한다. 나는 이런 사람을 '프로보커터provocateur'라고 명명한다.

　프로보커터가 활개 치는 가운데 클릭 수에 사활을 거는 언론은 회사의 규모와 관계없이 그의 자극적인 발언을 적극적으로 인용하면서 트래픽을 늘림과 동시에 담론의 오염을 획책한다. 정치 무관심층 또는 '부동층'은 헤드라인부터 선정적인 언론보도를 접하면서 천천히 자신의 생각·감정·견해를 프로보커터에게 맞춰간다. 그러면서 인터넷에 빠르고 넓게 유통되는 시사정보는 해당 사안을 단순화하고 희화화하거나 문제의 원인을 한 개인이나 집단에게 돌리며 증오와 공격을 선동한다. 정치 무관심층, 특히 인터넷을 통해 시사이슈를 접하는 젊은 사람들은 이런 것만 보면서 실체가 불분명한 이른바 '2030의 분노'를 학습한다.

## 주목경제의 정상부터 막장까지, 원하는 건 오직 '관심'

과거 몇 년 전만 해도 부모가 자녀에게 "인터넷에 도는 얘기 다 믿지 마라."라고 말했다면, 이제는 자녀가 부모에게 "인터넷에 도는 얘기 다 믿지 마시라."라고 말한다는 우스개가 있다. 많이들 '웃프다(웃기고 슬프다)'며 공감하지만, 젊은 사람들이라고 정치 유튜브를 보며 메신저 앱으로 가짜뉴스를 공유하는 60대 이상 세대보다 딱히 나을 것도 없다. 오히려 자신들을 윗세대와 비교하며 스스로 합리적이라 믿어 의심치 않는 데서 비롯되는 잠재적인 위험이 더 클지도 모른다.

인터넷 네이티브로 성장한 한국의 청년들은 소셜미디어를 주된 시사 창구로 이용한다. 정치 유튜브에 무관심하거나 반감을 갖는 사람이라도 소셜미디어의 '디지털 큐레이션digital curation'에는 큰 거부감을 느끼지 않는다. 디지털 큐레이션이란 그때그때 화제가 되는 이슈를 흥미 위주로 선별하고 단숨에 이해할 수 있게 해주는, 또는 이해했다는 인상을 남겨주는 콘텐츠의 모음을 일컫는다. 디지털 큐레이션을 소비하는 사람들은 중요한 문제와 중요하지 않은 문제, 흥미로운 것과 흥미롭지 않은 것의 판단을 디지털 큐레이션 제작자에게 위탁한다. 디지털 큐레이션은 소셜미디어에 너무나 흔하기 때문에 이것을 소비하는 사람들은 대부분 자신이 디지털 큐레이션을 본다는 것조차 의식하지 못한다.

디지털 큐레이션으로 불리는 것 중 가장 악질적인 사례는 '사이버 렉카'다. 사이버 렉카란 당장 화제가 되는 이슈를 요약·소개한다는 명목으로 선정적인 타이틀과 썸네일로 클릭을 유도하는 '클릭베이트clickbait' 콘텐츠와 콘텐츠 생산자를 말한다. 젊은 인터넷 이용자들이 붙인 이 명칭 자체에는 강한 경멸감이 담겨 있지만, 욕을 하면서도 어쩔 수 없이 한 번쯤 클릭해서 보는 콘텐츠라 할 수 있다. 사이버 렉카는 주로 한창 화제가 되는 이슈 또는 화제가 될 만한 이슈만 취사선택하며, 논쟁이나 갈등을 억지로 유도해 화제를 만들어낸다.

사이버 렉카들의 경거망동으로 불필요한 갈등과 사회적 잡음, 심지어 행정력 낭비까지 일어난 대표적인 사례로 '한강 의대생 실종 사건'을 둘러싼 소동이 있다. 문제의 발단은 레거시 미디어의 자극적인 보도였다. 실종사건 자체와 큰 관계없는 '의대생'이라는 정보가 전면에 내세워지고, '촉망받던 청년의 미스테리한 실종'이라는 프레임이 지배하면서 해당 사건이 전국적인 주목을 받았다. 이를 사이버 렉카들이 가만히 놔둘 리 없었고, 각종 음모론을 더하면서 '미스테리'를 증폭시켰다. 실종자 아버지의 화려한 스펙을 전시하면서 그를 별안간 '스타'로 만들어버리고 수사에 의구심을 표하는 그의 주장에 확성기를 달았다. 급기야 실종자를 추모하며 제대로 된 수사를 촉구하는 200명 규모의 집회마저 열렸다. 논란의 여지가 적은 사건에서 논란거리, 화젯거리를 억지로 '쥐어 짜내는' 렉카들의 행태를 요즘 말로 '착즙'이라고 한다.

이런 식으로 이슈를 '착즙'하여 조회 수를 억지로 올리려는 이유는 조회 수가 높으면 광고가 붙어 돈을 벌 수 있기 때문이다. 따라서 사이버 렉카는 사실상 모든 소셜미디어 플랫폼에서 증식한다. 유튜브를 제외하고 한국에서 이용률이 가장 높은 소셜미디어가 인스타그램인 만큼, 인스타그램 사이버 렉카 역시 심각한 담론 오염의 주역 중 하나다.

인스타그램에서 수많은 팔로워를 모아서 인플루언서가 되는 방법은 정형화되어 있다. 대개 몸매를 가꾸고, 화려하고 세련되고 '힙한' 라이프스타일을 과시하는 식으로 팬을 모은다. 팬이 많아지면 협찬과 광고가 들어온다. 그런데 렉카 계정은 이런 식의 노력조차 기울이지 않으면서도 조회 수를 늘리고 팔로워를 확보한다. 주로 인터넷 기사나 예능 방송 클립, 인터넷 커뮤니티의 인기 게시물을 출처 표시 없이 퍼와서 자극적인 제목을 붙이는 방법이다. 어떤 목격담이나 일화, 고민을 토로하는 글이 주를 이룬다. 온갖 '사이다썰', 예컨대 '맘충'이나 '잼민이(초등학생 이하 어린이를 가리키는 멸칭 신조어)'를 '참교육'했다는 경험담에 특히 많은 댓글이 달린다. 고민 글의 단골 소재는 단연 바람난 애인과 부부싸움과 고부갈등이다. 공기처럼 소셜미디어에 항상 접속해 있는 사람들은 이를 끊임없이 접하면서 많이 만나보지도 못한 이성과 어린이에 대한 원한과 혐오를 키워간다.

이보다 조금 더 호전적인 방법으로 인플루언서가 되는 경우도 있다. 어떻게 보면 프로보커터로 성장하는 방법 중 하나라고 할 수 있겠다. 2010년 이래 몇 개 문장 단위의 짤막한 글과 단상을 불특정 다수에게 송출할 수 있는 플랫폼이 대중화되면서, 많은 사람이 당면 사안에 한두 마디씩 논평을 공유하기 시작했다. 개중 '사이다'와 같은 시원함을 느낄 만큼 촌철살인의 '일침'을 놓는 사람은 빠르게 많은 팔로워를 확보하며 인터넷 논객으로 주목받았다. 특히 트위터가 이 코스를 가장 쉽게 밟을 수 있는 소셜미디어 플랫폼이다. 트위터에서 정치적 올바름과 정체성 정치를 무기로 삼아 연예인이나 정치인, 유명인에게 인종주의, 여성혐오, 성소수자 혐오의 혐의를 씌우고 고발하는 것이 즉각적이고 확실하게 명성을 쌓는 방법이다.

　이런 방법으로 인플루언서가 되는 사람이 많아지면서 이들 사이에서의 주목 경쟁도 과열 양상을 띤다. 이들은 정치적 올바름이라는 상징자본을 다시 희소하게 만들기 위해 일종의 지대추구행위를 벌인다. 말인즉 정치적 올바름의 징표를 매우 엄격하고 좁게 정의해 경쟁자에게서 징표를 빼앗아온다는 것이다. 이를테면 어딘가에서 무슬림의 총기 난사 사건이 일어났다고 할 때, 어떤 이는 범인이 무슬림이라서 총기를 난사한 것이 아니라 정신질환을 앓았기 때문이라는 사실을 애써 강조하며 무슬림에 대한 편견을 경계해야 한다고 주장한다. 이에 대해 다른 이는 정신질환자를 혐오하지 말라며 사과를 요구한다. 이러한 진흙탕 싸움에서 그 어떤 생산성을 기대하기는 힘들다. 싸움을 지켜보는 사람들은 자신의 무슬림 혐오나 정신병 혐오를 반성하는 게 아니라 '누가 이기나' 관전할 뿐이다.

## 위선에 분노하고 인정투쟁에 지친 청년들

한편 갈수록 엄격해지고 희소해지는 올바름과 윤리의 상징자본을 위해 정치적 올바름의 첨병 또는 감별사 행세를 하고자 스스로를 더욱 코너로 내모는 모습이 속출한다. 언제나 화가 나 있고 타인에게 죄책감을 강요하며 상징자본을 독점하려 한다. 이런 과정에서는 반드시 미끄러짐이 일어나기 마련이다. 예컨대 성소수자 혐오를 규탄하는 자리에서 노동계급 혐오, 인종주의적 표현을 거리낌 없이 내뱉는다면, 위에서 예로 든 경우처럼 싸움이 일어난다. 으레 누가 더 약자냐는 '불행배틀'로 이어진다. 대중은 이 '불행배틀'을 관전하며 이것이야말로 정체성 정치의 핵심이라는 그릇된 인상을 얻어간다.

또한 다음의 사례도 심심찮게 목격된다. 트위터 등지에서 꾸준히 페미니즘적 메시지를 설파하며 여러 팬을 거느린 평론가가 있었다. 그런데 그가 그동안 사귀었던 여자들의 사진을 불법 촬영해 성인 사이트에 공유했다는 사실이 밝혀졌다. 그의 소셜미디어 활동과 평론 활동을 지켜봤던 사람들은 그의 성범죄 사실과 그가 이전에 설파했던 페미니즘적 메시지를 엮어 그의 위선을 비난했다. 이것은 극단적인 사례다. 하지만 어떤 올바름의 상징자본을 독점하고자 지대추구행위를 벌이는 사람들은 웹상에서 올바름의 첨병 행세하는 모습과 실제 모습을 완벽히 일치시키기란 불가능한바, 결국에는 어떤 식으로든 표리부동함을 노출할 수밖에 없다. 이때 주목 경쟁을 하던 사람들이 무자비한 공격을 퍼부을 것임은 물론이며 그 죄목은 '위선'이다.

트위터에서 호전적인 관종들의 진흙탕 싸움이 벌어지는 동안 인스타그램이나 틱톡 등에서는 그와는 다른 방식으로 남들에게 인정을 받고 상징자본을 취하려 하는 사람들이 나타났다. 이들은 트위터 관종처럼 단지 활자로 죄책감을 강요하고 정체성 정치를 무기 삼아 휘두르는 것보다 좀 더 적극적이다. 봉사활동을 하고, 장애인과 노숙자를 도우며, 사회활동가를 연상케 하는 활동을 연출하는 것이다. 보통은 멋진 몸매를 과시하며 팬을 모은 사람들이 이러한 경로를 밟곤 한다. 진정성 없이 주목과 관심을 위해 그런다는 점에서 비아냥을 받을 수는 있지만, 그 동기야 어찌되었건 결과적으로는 긍정적인 효과가 있을 것이다.

하지만 많은 사람의 눈에 띄는 것만이 관건이기 때문에, 선행을 베푸는 모습을 보여주는 데만 목적을 두며 일말의 노력도 기울이지 않은 채 상징자본 또는 '매력자본'의 알맹이만 취하려는 경우가 많다. 길바닥에 앉아 있는 노숙자 눈높이에 맞게 자세를 낮춰서 그의 하소연이라도 들어주는 듯한 모습을 촬영하고 바로 자리를 뜨는 식이다. 특히 미국에서 이러한 사례가 이상하리만치 많다. 예컨대 지난해 일어난 대규모 '블랙 라이브즈 매터Black Lives Matter' 시위 중 기물파손이 일어났던 현장에 가서 기물을 수리하고 건설 노동자들을 도와주는 모습을 연출한 사람이 많았다. 이들 중 일부는 수습 현장에 난입해 도구를 들고 일을 거드는 척만 한 뒤 현장을 떠났던 것으로 드러났다.

방금 든 예시와 같은 '관종질'은 혐오감이나 공포를 유발하고 증오를 유도하는 사이버 렉카들과 다르게 그 자체로 사회에 엄청난 해악을 몰고 오지는 않는다. 하지만 보는 사람에 따라서는 더 가증스러울 수 있다. 더욱이 관종을 향한 대중의 경멸감은 이런 사례로 인해 더욱 증폭된다. 오늘날 한국사회에서 위선을 향한 전례를 찾기 힘들 정도로 유다른 대중의 반감과 증오는 주목경제 시대의 왜곡된 인정욕구와 맞물려 있다.

급기야 관종을 향한 대중의 경멸과 원한을 콘텐츠로 만드는 유튜버까지 나타나기 시작했다. 관종들의 황당한 만행, 그들의 가식과 위선을 폭로하고 비난하며 조롱하는 것은, 유튜버들에게 조회수 장사의 새로운 장르가 되었고 대중에게는 새로운 스포츠이자 유희가 되었다. 단지 관심만을 위해 선행을 연출하는 사람은 많지 않다. 하지만 소셜미디어 알고리즘이 세계의 일부를 전체처럼 보이게 만들어, 더 나은 사회를 위한 일체의 활동과 메시지, 의제 모두 가식과 위선으로 기각되어버리는 사태마저 발생한다. 미국에서 '블랙 라이브즈 매터' 운동을 자신의 상징자본으로 전유하려드는 관종에 대한 비난과 조롱의 릴레이가 이어진 끝에, 일부 청년 사이에서 반反인종주의가 위선으로 격하되는 현상이 목격되기도 했다.

한국에서도 정치권과 언론이 위선 프레임을 위험 수준까지 강화하면서 비슷한 현상이 일어나고 있다. 부의 재분배를 강조하던 진보 인사가 부정축재에 가담했다거나, 평등 교육을 강조하던 진보 인사가 자식을 명문대에 보내기 위해 편법을 썼다거나, 불로소득을 규탄하던 진보 인사가 부동산 투자로 큰 차익을 챙겼다는 혐의가 있다는 '속보'가 나온다. 보수세력과 언론은 이를 신나게 비난하면서 그 사람의 행위와 이전에 설파했던 메시지를 묶어 메시지의 가치까지 부정한다.

더욱이 트위터와 같은 소셜미디어에서 정치적 올바름의 징표를 두고 벌어진 무분별한 지대추구행위와 진흙탕 싸움, 그 과정에서 종종 드러난 위선과 '내로남불'의 사례를 지속적으로 접한 끝에 대중이 갖는 환멸감은 정치적 올바름이나 페미니즘을 이야기하는 것 자체가 위선과 다름없다는 인상을 깊게 심어놓았다. 민주·진보 진영의 위선과 내로남불을 집요하게 공격하면서 보수세력과 언론이 노리는 효과는 진보정치 자체에 대한 반감과 정치 일반에 대한 혐오다. 위선과 내로남불만을 겨냥한 보도, 즉 위선 프레임이 강해질수록 '위선은 나쁜 것'이라는 명제만 남는다. 이 명제가 많은 사람에게 거의 모든 것의 판단 기준이 되면서, 위선은커녕 처음부터 대놓고 나쁜 짓을 벌이는 사람에게는 실망감조차 느끼지 않는 기현상마저 발생한다.

앞서 간단히 이야기한 주목경제의 논리는 인간의 노동력에도 해당한다. 사실상 모든 재화는 부문을 막론하고 사람들에게 받는 주목의 정도로 그 가치가 결정되며, 재화의 사용가치만으로는 값이 제대로 매겨지지 못한다. 인간의 노동력 역시 제값을 부여받고 인정받기 위해서는 타인의, 고용주의 주목이 필요하다. 일할 사람은 많고, 대학 진학률은 최고치에 이르러 학력 인플레이션이 발생하고, 전반적인 작업 역량과 교양 수준이 상향 평준화되면서 구직자들은 자격증이나 외국어 시험점수 등 다양한 스펙을 넘어 그 이상의 무언가를 과시함으로써 이목을 끌어야만 한다. 인재는 많지만 신규 채용은 감소하면서 현재 청년 구직자들은 치열한 스펙 경쟁에 주목 경쟁의 부담까지 짊어져야 한다.

작업 역량이 얼마나 뛰어난지, 얼마나 준비되어 있고 열심히 공부했는지만큼 중요한 것은 그것을 얼마나 잘 뽐낼 수 있는가일 테다. 본래 사람들은 사회에서 완전히 고립된 채 살지 않은 이상 자신의 진짜 모습보다 더 낫고 능력 있고 탁월한 모습으로 남에게 비치기를 바란다. 따라서 스스로를 가꾸고 역량을 기르고 예의를 익힌다. 지금은 이를 기본으로 갖추고, 더 많은 사람에게 남들보다 더 낫게 보이게끔 적극적으로 나서지 않으면 안 된다. 인간의 인정 욕구를 탐구한 철학자 악셀 호네트Axel Honneth는 인간이 충분히 큰 공동체에서 동료들 눈에 유능한 존재로 보이고 싶어 하기에, 행위에서 드러나는 자신의 속성을 평가받는 것에 크게 신경 쓴다고 지적했다. 이것이 바로 사람들로 하여금 남들에게 공동체의 쓸 만한 일원으로 인정받기를 열망하게 만드는 인정욕구의 핵심이다. 따라서 사람들은 속으로는 내키지 않는 행동을 하고, 욕구를 억제하며, 할 말 못 할 말을 가려서 하고, 싫어하는 사람 앞에서도 예의를 갖춘다. 위선이라면 위선이고 가식이라면 가식이다. 하지만 이런 것을 모두 거부해버리면 사회생활은 불가능한바, 인정욕구는 타인과 더불어 살기 위한 사회화의 기본적인 메커니즘이라고 할 수 있다.

하지만 청년들의 처지에서, 그렇게 사회가 시키는 대로 다 한 것 같은데 좀처럼 삶이 나아지리라는 희망이 보이지 않는다. 쓸 만한 일자리도 구할 수 없다. 그런데 인터넷에 잔뜩 돌아다니는 기사, 사이버 렉카들이 퍼 나르는 진위 여부도 불분명한 이야기를 보건대 어떤 사람은 별다른 노력도 기울이지 않고 너무 쉽게 정규직이 되는 것처럼 보인다. 공정을 외치던 정치인들은 특권을 이용해 자식들을 명문대에 보내고 좋은 일자리를 구해주는 일도 너무 많이 보인다. 지킬 것 다 지키며 살아왔던 자기만 손해를 보는 것 같다는 생각마저 든다. 불난리에 부채질하듯 가식은커녕 일체의 사회적 의례를 무시하고 금도를 깨버리는 콘텐츠로 일약 스타 유튜버가 되어 떼돈을 버는 사람도 너무 많은 것 같다.

## '어른'은 간데없고 '꼰대'만 나부껴

위와 같은 노정을 거치면서 관종을 향한 대중의 경멸과 원한은 위선에 대한 분노와 혐오로 비화하고, 이것은 언론과 사이버 렉카들에 의해 위험 수준으로 치닫는다. 위선에 대한 분노는 뚜렷한 기대이득과 성과가 보이지 않는, 청년들이 끝없이 감내해야 하는 인정

투쟁에 대한 환멸과 겹치면서 사회생활에 필요한 최소한의 사회적 의례, 예의범절, 가식, 가면을 죄다 내던져버리고 싶은 충동을 자극한다. 더욱이 언론보도와 정치권의 레토릭에서 지배적인 '위선은 나쁘다'라는 명제는 정치적 올바름, 정체성 정치, 페미니즘, 이주노동자 및 난민 등에 대한 포용, 평등을 외치는 자유주의적·진보적 메시지 및 의제 자체를 위선으로 받아들이는 일부 청년의 반감을 타면서, 일체의 사회적 진보에 맹목적으로 반대 표시를 하는 과격한 정치적 지향을 낳고 있다. 극우파의 논리에 가까운 과격하고 폭력적인 정치적 메시지에, 또는 국가의 역할과 기능을 일절 기각해버리는 메시지에 실제로 그렇게 믿는지와 상관없이 위악적으로 찬동 표시를 하는 것이 이들 사이에서 새로운 '쿨함'으로 자리 잡고 있는 것처럼 보인다.

그뿐만 아니라 지금 청년들 사이에서 지고의 가치관으로 자리 잡은 '위선은 나쁘다'라는 명제는, 특히 위악적이고 염세적인 분위기의 인터넷 커뮤니티 문화에 익숙한 일부 20대 남성에게 그들의 반사회적인 언동을 합리화하는 근거가 된다. 이것은 앞서 간단히 언급한 사회화의 기본적인 메커니즘으로서 인정을 위한 별도의 노력을 파업해버리는 데까지 나아간다. 기분이 상해도 일단은 화를 억누르고 대화를 시도하거나 싫어하는 사람 앞에서 일단은 예의를 갖추는 것조차 거부하며, 자신의 기분을 조금이라도 상하게 만든 대상에게 최대한 굴욕을 주고 응징을 가하는 환상에 사로잡힌다. 타인에게 최소한의 호감을 얻기 위한 아주 약간의 행동에도 위선과 가식이라는 딱지를 붙이며 사실상 사회화 이전으로 퇴행하는 것도 불사한다.

사회적 의례와 예절을 내던진 이들이 상주하는 인터넷 커뮤니티에서 건전한 공론장을 기대하기는 어렵다. 인터넷 커뮤니티에서 이견을 가진 사람들끼리 주고받는 것은 의견이 아니라 비방, 조롱, 욕설뿐이다. 이들은 '토론'에 임할 때 어떻게 하면 상대방을 제대로 짓밟고 망신을 줄 수 있을지 고민할 뿐이다. '일침'과 '사이다'의 향연 가운데서 상호존중이 설 자리는 없다. 오히려 상대방을 시원하게 모욕하고 도발하며 '연승'을 거둔 사람은 해당 커뮤니티에서 '네임드'가 된다. 커뮤니티 이용자들은 이 '네임드'의 발언, 공격 대상과 공격의 레토릭에 주목하고 그렇게 천천히 추종자가 된다. 이런 사람이 인터넷 커뮤니티를 넘어 본격적으로 미디어 전면에 나서면 프로보커터로 성장해 다양한 도발 퍼포먼스로 담론을 오염시킨다. 오늘날 정치와 언론이 신뢰를 회복하지 못하고 제기능을 못하는 상황에서, 포퓰리스트들과 프로보커터들은 또렷한 전선, 절대 악을 상정한 선동과 도발로써 '우리'와 '그들'을 분리해 정치적 부족주의를 더욱 심화시킨다.

사회에서 더불어 살기 위한 노력, 요컨대 인정을 위한 노력의 파업이라는 맥락에서 마지막으로 한 가지 더 지적할 것이 있다. 2010년 이래로 한국의 문화의 전반적인 분위기는 커다란 전환점을 돌았다. 그 계기는 바로 '반꼰대' 정서다. 90년대생이 대거 사회로 진출하기 시작함에 따라 노동, 직장, 대학, 일상 전반에서 권위주의적이고 위계적이며 경직된 문화에 대한 대대적인 반성이 진행되었고, 탈권위적인 'MZ세대'의 문화를 겨냥한 마케팅이 주류로 떠올랐다. 과거의 권위적 문화로부터의 단절은 '탈꼰대'라는 말로 표현되며 새로운 시대의 개막을 알리는 것으로 평가되곤 했다. 반면 이렇게 갑작스러운 단절과 전환을 두고 속도를 조절해야 한다는 이야기를 하는 사람은 없었다. '탈꼰대'의 분위기에 지나치게 경도된 일부 청년은 과거의 긍정적인 유산까지 모조리 부정해버렸다. 그러다 보니 이제는 사회생활을 위한 최소한의 예의범절을 요구하거나 기대하는 데에도 '꼰대'라는 꼬리표가 붙는 것을 염려해야 하는 시대가 되어버렸다. 과거부터 이어져 왔던 가치와 규범에 대한 무분별한 거부는 오늘날 전례 없는 세대갈등을 심화하는 요인 중 하나다.

꼰대에 대한, 기성세대에 대한 반감이 커지는 이유는 '제대로 된 어른'이라는 롤모델이 붕괴했기 때문이다. 말인즉 여태껏 어른들이 시키는 대로, 가르친 대로 따를 것 다 따라왔음에도 불구하고 희망이 보이지 않는다는 데서 비롯한, 어른들의 가르침에 대한 환멸과 불신이 한계에 달한 것이다. 참고하며 따를 수 있는 롤모델은 붕괴했는데 빈자리를 채울 새로운 롤모델은 어떻게 생겼는지 아직 아무도 모른다. 이렇듯 '낡은 것은 가고 새것은 아직 오지 않은' 상태가 오래 지속되면 혼란이 가중된다. 이럴 때 사람들은 과거에서 답을 찾으려 한다. 즉 꼰대를 잔뜩 욕하던 젊은 사람들이 갑자기 매우 권위주의적인 '스트롱맨'에 열광한다고 해도 이상할 것이 없다. 여론이 양극으로 갈라지면서 생긴 빈틈을 관종이 비집고 들어가서 더 벌려놓으면, 포퓰리스트 정치인이 왕성하게 활동할 수 있는 환경이 만들어진다.

우리는 현재 거대한 퇴행과 반동을 눈앞에 두고 있다. 여기서는 주로 인터넷에서 활동하는 관종들과 그들로 인해 담론이 오염되는 현상을 이야기했다. 이 문제가 독립적으로 나타나는 것이 아니라 청년세대의 과격화, 언론 기능의 실종, 정치의 공백, 여론의 양극화와 복잡하게 얽혀 있음을 살펴보았다. 흔히 관종에 대해 이야기할 때 관심을 보내지 않으면 알아서 없어질 것이라고들 말하지만, 우리가 모르는 사이에 이들은 이미 회복이 어려운 수준으로 담론을 오염시키고 있다. 청년세대의 과격화를 넘어 대중의 전반적인 극우화를 예방하기 위해서는 이 문제에 관해 더욱더 적극적이고 정밀한 논의가 필요하다.

# 한국의
# 작은 독재자들

정치종교와 문화종교 개념으로 살펴보는
퇴행적 대중의 출현

_김진호

1970년대 초 박정희 정권이 고강도의 전체주의 체제를 구축할 때, 대중은 그 불온한 기획에 수동적으로 순응한 것이 아니라 매우 적극적으로 동조했다. 이 시기에 정권의 국민 만들기 기획은 대중의 열렬한 참여를 불러일으켰던 것이다. 대표적인 것이 '새마을운동'과 '자유교양운동'이다. 대중은 생산적인 산업역군으로서 경제적 주체였을 뿐만 아니라, 전체주의 체제의 '국민 되기'에 앞장선 이데올로기적 주체이기도 했다. 요컨대 그 시대를 성찰하는 데 실패한 다수의 대중은 박정희라는 독재자를 추종하는 '작은 독재자들'이었다.

## 파시즘과 정치종교

1938년 철학자 에릭 푀겔린Eric Voegelin은 유럽의 후발 국민국가 중 일부가 파시즘적 정치체제로 귀결되는 것을 설명하기 위해 '정치종교politische Religion'라는 용어를 사용했다. 이것은 파시즘 체제에 대한 대중의 열광적 지지가 어떻게 가능했는지에 대한 하나의 대답이다. 대중이 적에 대한 증오를 가득 품은 민족주의적 구원신화에 환호한 것인데, 이는 종교적 종말론의 세속적 버전이라고 할 수 있다. 그는 종교와 정치의 불온한 만남을 정치종교라고 표현한 것이다.

한데 그런 대중은 갑자기 탄생한 것이 아니다. 미술사학자 아르놀트 하우저Arnold Hauser는 '짝퉁' 귀족예술인 통속예술이 매스미디어와 만나 대중예술로 전화되면서 새로운 예술양식의 소비자인 대중이 탄생했다고 본다. 그들은 대중예술의 구경꾼이다. 미술평론가 조너선 크레리Jonathan Crary는 대중이 구경꾼observer의 체험을 통해 역사적 주체가 되었다고 해석한다. 그런데 발터 베냐민Walter Benjamin에 따르면 구경꾼은 '배회하는 자flâneur'다. 파리의 아케이드를 배회하는 자, 거대 도시의 판타지적 자극에 노출되어 신경증적 불안을 내재한, 분열적 존재인 것이다. 한나 아렌트Hannah Arendt는 이러한 신경증적 대중이 그 시대의 정치적 불안정과 얽히면서 계급의식이 약화되고 특정 정당이나 노조에 무관심한, 원자화된 개인이 되었다고 말한다. 동시에 그들은 이상주의적 유토피아와 같은 추상적 비전에 헌신하는 심리를 가지기 시작했다고 지적한다. 아렌트는 대중의 이와 같은 심리 상태가 그들을 민족주의적 구원신화를 유포하는 파시스트의 주장에 열광하는 정치적 대중으로 재탄생하는 토양이 되었다고 주장한다.

한데 이들 대중을 선동한 파시스트적 구원신화는 가공할 적에 대한 공포와 결합되어 있다. 대중이 겪고 있는 이 모든 질곡은 바로 적그리스도의 농간 때문이라는 것이다. 파시스트들은 적과 맞서기 위해 구원신화의 주인공인 영웅적 존재가 이끄는 정치연합의 열렬한 수행자가 되라고 대중을 선동했다. 법학자이자 나치즘적 정치신학 주창자인 카를 슈미트Carl Schmitt는 〈데살로니카후서〉 2장 7절에 나오는 '무법자(아노모스ἄνομος)'의 준동蠢動을 '억제하는 자(카테콘κατέχον)'가 바로 그 영웅이라고 말한다. 결국 나치당과 당수 히틀러가 카테콘이라는 이야기다. 저 종말의 시간이 도래하기 전, 모든 것이 결딴나는 단절의 시간 전까지 이 잠재적 시간에 대중을 적그리스도로부터 보호하는 자인 것이다. 정리하자면 정치종교는 무정형적 대중이 정치적 대중으로 전화되는 과정을 다루는 하나의 정치신학적 해석체계라고 할 수 있다.


## 1960년대의 '혁명들'과 한국의 정치종교

그렇다면 한국정치를 설명할 때 정치종교 현상을 적용하는 게 적절할까. '정치종교'라는 용어를 사용하지는 않았지만, 유사한 해석을 시도한 연구는 상당하다. 대부분의 연구는 박정희 체제에 주목하는데, 특히 박정희 정권이 구사한 담론전략에 집중하는 경향이 있다. 이들 연구는 그 자체로 충분한 의의가 있지만, 내가 이것들을 임의로 정치종교 현상에 대한 선행작업으로 끼워 맞추려면 조금 더 논의를 보충해야 한다. 왜냐하면 정치종교 연구는 정권의 담론전략 자체보다 수용자에 주목해야 하기 때문이다. 그들은 누구이고 어떻게 정치적 대중으로 주체화되는지를 살펴봐야 한다.

여기서 대중의 주체화를 본격적으로 다룰 수는 없지만, 대중의 탄생에 관해서는 간략히 스케치를 해볼 수 있을 것이다. 1960년대는 '4·19' '5·16'과 함께 시작했고 두 담론의 실타래가 얽히고설키면서 다음 10년으로 이어졌다. 사건의 주역들이 '혁명'이라고 그 시간을 의미화하고 있는 데서 보듯 4·19와 5·16은 1960년 이전과 이후를 절단하는 '시간의 단절'을, 그 불 같은 사회적 열망을 공유하고 있었다. 하지만 하나는 시민에 의한 단절의 시간이었고, 다른 하나는 군인에 의한 단절의 시간이었다. 1940~1950년대 국가 테러리즘의 경험 속에서 시민과 군인은 공조하면서도 결코 합쳐질 수 없는 감정의 우물 속에 갇혀 있었다. 그 안에서 그들은 같은 하늘을 바라보았지만, 그 하늘은 동일한 형상으로 드러날 수 없었다.

그럼에도 두 '단절의 시간' 기획은 이전과 연결되는 감정을 공유하고 있다. 해방 이후 숱한 사회적 갈등 요인으로 인해 벌어진 무수한 분열은 한국전쟁을 경유하면서 뚜렷한 적에 대한 '증오'의 감정으로 흡수되었다. 전쟁은 적을 명료히 만들어가는 과정이다. 그런데 전쟁은 휴전으로 마무리되었다. 누구도 적을 괴멸시키지 못했다. 그리하여 적대의 선enemy line을 경계로 교전은 멈췄지만, 선 내부에선 끓어오르는 증오가 무차별하게 발산했다. 1950년대는 그랬다. 나는 이러한 증오의 정치학을 '파괴적 증오'라고 부른 바 있다.

4·19와 5·16은 이러한 증오와 파괴의 연결고리를 끊고자 했다는 점에서 겹친다. 4·19는 국가폭력을 단죄하고자 했고, 5·16은 적을 향한 증오와 파괴를 성공에 대한 욕망으로 환치하고자 했다. 적을 파괴하는 데 모든 힘을 소진하기보다는 풍요의 욕구를 향해 돌진하는 생산적 동맹에 열렬히 참여하는 역동의 에너지로 전환시키고자 했던 것이다. 나는 5·16이 추구했던 이러한 정신구조를 '파괴적 증오'가 아니라 '생산적 증오'라고 말한 바 있다. 한데 이 '5·16스러운' 담론은 사실 4·19의 주역들이 디자인했던 것에 기반을 두고 있었다. 그런 점에서 4·19와 5·16은 생산적 증오의 정신구조를 공유했던 셈이다.

1960년대 대중의 체험에 대해 좀 더 이야기해보자. 1940~1950년대, '파괴적 증오'의 정신구조를 가져야 한다는 강요 아래 대중은 파괴적 증오의 가해자나 피해자가 되어야 했다. 4·19와 5·16은 그런 살육의 질서를 주도했던 권력을 와해시켰다. 그럼으로써 파괴적 증오를 추동했던 국가기구와 관제기구는 무력화되었다. 앞서 이야기했듯이 4·19와 5·16의 주역들은 대중이 파괴적 증오의 수

행자가 되는 대신 생산적 활동에 매진하는 사회를 디자인했다. 물론 '5·16 체제'는 파괴적 증오와 철저한 단절을 도모하지 않았다. 다만 대중을 동원하지 않은 채 국가가 파괴적 증오의 실행을 독점했다는 점에서 달랐다. 파괴적 증오는 대체로 대중에게 공개되기보다 밀실에서 수행되었다. 그리하여 대중은 점차 폭력적 현실에서 멀어졌다. 그렇다면 대중은 그 빈틈을 무엇으로 채웠을까. 전쟁의 상흔은 여전히 몸 안팎을 오가며 증오와 복수의 감정으로 표출되고 있는데, 국가는 대중이 증오를 '산업역군'을 향한 동력으로 전환시키길 원했다. 과연 그것이 전부였을까.

여기서 대중의 일상에 관해 한 가지 염두에 둬야 할 것이 있다. 한국전쟁 이후 다수의 대중이 도시로 몰려들고 있었다는 점이다. 그리고 1960년대 이후 산업화가 빠르게 진행되고 있었다. 도시가 갑자기 늘었고 시골에서 도시로 이주한 노동자의 수도 빠르게 증가했다. 도시의 삶은 차가운 연결망으로 느슨하게 조직되었다. 강고한 농민적 연대감은 크게 이완되었다. 무엇보다 공산주의가 철천지원수로 낙인 찍히면서 '계급적 연대'는 말도 꺼내서는 안 됐다. 이렇게 개체화된 도시에서의 삶은 대중에게 실존의 공간을 두드러지게 확장시키는 것으로 이어졌다. 《소설가 구보씨의 일일》이 보여주듯 지식인들은 더욱 고독한 실존을 가진 존재가 되었다. 의미 없이 거리를 나돌아다니고, 의미 없이 다방에 들어가며, 의미 없이 집으로 돌아온다. 개인의 분자화가 빠르게 진행되고 있었다.

공동체적 결속이 초고강도로 활개 치면 대중 사이에서 이탈의 정념이 끓어오른다. 하지만 전통적 공동체가 와해되고 개인이 분자화되면서 대중이 고독에 몸부림치는 실존적 상념에 젖으면 다시 강한 집단의 열정 속으로 빨려들고 싶은 욕구가 춤추게 마련이다. 1960년대의 대중은 전체주의적 갈증에 점차 목말라 하고 있었는지 모른다. 1970년대 초 박정희 정권이 고강도의 전체주의 체제를 구축할 때, 대중은 그 불온한 기획에 수동적으로 순응한 것이 아니라 매우 적극적으로 동조했다. 이 시기에 정권의 국민 만들기 기획은 대중의 열렬한 참여를 불러일으켰던 것이다. 대표적인 것이 '새마을운동'과 '자유교양운동'이다. 대중은 생산적인 산업역군으로서 경제적 주체였을 뿐만 아니라, 전체주의 체제의 '국민 되기'에 앞장선 이데올로기적 주체이기도 했다. 요컨대 그 시대를 성찰하는 데 실패한 다수의 대중은 박정희라는 독재자를 추종하는 '작은 독재자들'이었다. 그런 점에서 정치종교 개념은 박정희 정권 시대 대중의 전체주의를 지지하는 정치적 주체화 과정을 읽는 데 유용하다.

## 1987년 체제: 전환의 시대

1970년대가 끝나갈 무렵 갑자기 박정희 체제가 내파되고, 그 체제 아래에서 성장한 정치군인들이 군사독재정권을 다시 연장시켰다. 군사독재정권은 독재를 연장할 명분을 확보하고자 대단히 무리한 강제와 동의의 전략을 구사했다. 강제의 전략이란 5·18 광주학살 사건과 그것을 전국화한 공포정치를 말한다. 그리고 동의의 전략이란 이른바 '3S 정책Sex, Screen, Sports'이라는 우민화 전략을 비롯한 유화책을 가리킨다.

강제와 동의의 정치는 잠시 효력을 보였다. 하지만 기간이 그리 길지 않았다. 오히려 그것은 얼마 후 체제를 해체하는 거대한 역사의 동력을 만들어내는 자극제가 되었다. '1987년 민주항쟁'이라는 어마무시한 대중의 저항이 발생한 것이다. 오랫동안 보수대연합을 가능하게 했던 반공연대를 위협할 만큼 거대한 대중의 민주연대가 형성되었다. 한편 3S 정책은 내구소비재산업의 비중이 크게 증가하는 결과를 초래하면서 소비사회로 이행하는 촉매제가 되었다. 소비사회는 사람들을 집합적 주체로 결속하기가 매우 어려운, 분자화된 대중으로 호명한다. 이제 소비사회의 대중은 미래를 위해 현재의 쾌락을 참지 않는 매우 현실적인 존재가 되었다.

그 분기점이 '1987년'이라는 주장은 널리 받아들여진다. 1987년은 더 이상 정치군인에 의한 정권 장악이 용이하지 않도록 하는 민주주의적 제도로의 전환이 시작된 해다. 그리고 소비사회로의 급속한 전환은 1988년 올림픽과 긴밀히 관련된다. 하지만 88올림픽의 국제적 인준이 주로 1987년 민주혁명의 효과라고 할 수 있다는 점에서 이른바 '1988 효과'는 1987년 체제와 무관하지 않다. 따라서 새로운 헌법적 질서의 시작인 동시에 대중이 민주주의적 주체이자 소비사회의 주체로 거듭나는 분기점을 '1987년'이라고 보는 것은 충분히 개연성이 있다. 한데 민주주의에 대한 열망이 거세지고 소비사회로의 이행이 급진전되는 1987년 체제를 설명하는 데도 종교적 해석이 일정한 유용성을 갖는다. 나는 그것을 해석하기 위해 복음주의 신학자인 피터 윌리엄스Peter J. Williams의 '대중종교popular religion' 개념을 참고하고자 한다.

## 민주체제와 문화종교

윌리엄스는 1960년 무렵부터 주로 미국에서 일어난 새로운 복음주의적 종교운동을 염두에 두면서 대중종교라는 용어를 사용했다. 당시 주류 교회는 근대주의적 합리성과 과학을 수용하고 다원주의적 가치를 받아들이고 있었는데, 이에 반발하는 일련의 복음주의적 운동이 일어났다. 그것은 크게 두 경로로 전개되었는데, 하나는 방송매체를 통한 것이고 다른 하나는 부흥집회를 통한 것이다. 양자는 하나로 엮이기도 했고 나뉘기도 했다. 여기서 중요한 것은 이 경로가 주류 교회의 조직 바깥에 놓여 있었다는 사실이다. 주류 교회의 조직이 잘 짜인 체계를 가진 데 반해, 이 바깥의 공간들은 체계화된 곳이 아니었다.

그런데 이런 종교 현상을 좀 더 넓은 사회문화적 지평에서 보면, 1930년대의 정치종교 현상이 파시즘적 정치의 시대에 활기를 띠었다면 1960년대의 대중종교 현상은 민주주의적 정치체제와 연관되었다. 다만 전자는 파시즘 체제와 유기적으로 결합한 반면, 후자는 민주체제와 심각하게 갈등했다는 점에서 차이가 있다. 또 정치종교 현상에서는 소비사회적 문화에 대해 신경증적 불안증이 두드러졌지만, 대중종교 현상은 소비사회의 욕구와 매우 잘 조응하고 있다는 점에서도 다르다. 전자는 보들레르가 그의 산문시 〈괘씸한 유리 장수〉에서 묘사하는, 신경증적 불안에 사로잡혀 유리 장수가 들고 온 유리를 심술궂게 산산조각 내는 시적 화자처럼 소비문화에 이유 모를 적개심을 표한다. 반면 윌리엄스가 말하는 대중종교 현상은 소비사회적 욕구를 적극적으로 드러내고 있다. 대중종교가 보내는 메시지에는 부자가 되려는 욕구가 노골적으로 드러나 있다. 한데 미국의 1980년대에 들어서면 대중종교에 열광하던 이들이 정치적 대중으로 전화되는 양상을 보인다. 이른바 '기독교 우파'라고 불리는 정치세력이 급격히 부상한 것이다. 물론 대중종교 현상에는 그러한 전환의 가능성이 이미 들어 있었다. 민주주의가 일상화되면서 인종·성·종교 등의 다양성에 대한 포용의 문화가 확산되는 것에 대중은 적잖은 거부감을 갖고 있었던 것이다.

왜 대중종교의 추종자들이 포용주의에 적대적이었을까. 그것은 아마도 포용성 담론의 사도들이 기독교 전통의 문화를 청산의 대상으로 규정하면서 세속화 테제를 제기했기 때문일 것이다. 개신교 신앙은 낡은 시대를 상징하는 것이고 이제는 효용을 다했으니 청산되어야 할 구태로 낙인찍은 저들 포용성의 사도들에 대해 일단의 대중이 분노한 것이다. 선동가들은 분노하는 대중에게 선악

이분법을 주입해 대중을 정치화하는 데 성공했다. 선동가들에게 있어 정치는 다양한 세력의 협상과 타협의 산물이 아니라 악을 응징하고 정의를 구현하는 행위다. 이러한 퇴행적 정치에 일단의 대중이 적극적 행위자로 나선 것이다. 윌리엄스의 대중종교 개념을 이와 같이 대중의 퇴행적인 정치적 주체화의 관점으로 재해석하면, 푀겔린의 정치종교처럼 대중이 특정한 시대에 어떻게 출현했고 어떤 역할을 수행했는지를 읽는 데 유용하다.

한데 정치종교와 대중종교라는 용어를 나란히 사용하는 것은 적절해 보이지 않는다. 왜냐하면 정치종교도 대중의 정치적 행동에 관한 종교적 해석이라는 점에서, 특히 종말론적 해석이라는 점에서 엄밀히 표현하면 '정치적 대중종교'라고 해야 하기 때문이다.

그렇다면 어떤 용어가 적합할까. 내가 대중종교 대신 선택한 용어는 '문화종교cultural religion'다. 정치종교가 이데올로기를 둘러싼 갈등 과정에서 정치적으로 주체화된 대중의 형성이 종말론적 종교 행위처럼 나타나는 것을 해석하는 개념이라면, 문화종교는 문화적 가치를 둘러싸고 벌어지는 갈등이 대중을 정치적으로 주체화하는 것을 다루는 개념이다. 여기서 문화적 투쟁은 절충하고 타협하는 정치로 이어지는 것이 아니라, 모든 것을 단절로 해석하는 종말론적 종교운동처럼 선과 악 이분법에 의거한 비타협적 정치로 나타난다. 나는 이러한 문화적 투쟁이 대중의 정치적 주체화로 이어지고 정치적 대중운동으로 구현되는 양상을 문화종교라고 부르고자 한다.

| 정치종교 | 문화종교 |
|---|---|
| 파시즘 시대에 나타난 대중의 정치적 주체화 현상 | 민주주의 시대에 나타난 대중의 정치적 주체화 현상 |
| 파시즘 체제를 열렬히 지지 | 민주체제와 반목 |
| 소비사회에 대해 신경증적 불안증상 | 소비사회적 욕구에 적극적 |

## 혐오의 정치와 한국의 문화종교

앞에서 언급했듯이 '1987년'이라는 키워드는 그 이후의 사회 형성에 관한 두 가지 변수를 함축한다. 하나는 '민주화'이고 다른 하나는 '소비사회화'다. 대중은 민주화를 통해 권리란 누구에게도 침해되어서는 안 된다는 의식을 고양했다. 한편 대중은 소비사회화 과정을 통해 자신의 고유한 취향을 표출하는 주체로 부상했다.

민주화는 국민이라면 누구나 평등한 권리를 부여해야 한다는 원리를 축으로 하는 사회제도를 지향한다. 그런 점에서 민주화된 사회의 대중은 '나는 국민이다'라는 자의식에서 출발한다. 여기서 논점은 '누가 국민인가' 또는 '누가 국민이 아닌가'라는 문제에 있다. 그리하여 대중의 행동에는 국민의 대열에서 이탈되지 않으려는 시도가 포함된다. 그러나 대다수는 국민의 대열에서 이탈되지 않더라도 자신이 원하는 만큼 권리를 누리지 못한다. 하여 민주사회의 주체화는 늘 '나는 왜 완전한 국민이 될 수 없는가'라는 결핍감을 혹처럼 달고 있어야 했다. 한편 소비사회화는 나를 '소비자'

로 호출한다. 한데 소비자가 되려면 충분한 돈이 필요하다. 하지만 거의 모든 대중은 자신의 욕구만큼 소비할 수 없다. 하여 소비사회의 주체화에는 항상 '나는 왜 부자가 아닌가'라는 결핍감이 붙어 다닌다.

1987년 이후 빠른 주체화 과정 속에서 대중은 자신이 늘 결핍되어 있다는 자의식의 늪에 빠져 허덕인다. 대중은 결핍을 무엇으로 채울 것인가. 사법고시에 몰두하거나 주식투자에 혼신을 다하는 등 많은 이가 결핍을 만회하는 여러 활동에 매진했다. 한데 점점 대중은 결핍의 늪에서 벗어날 희망을 잃어가고 있었다. 사회가 발전하고 합리적 시스템이 구축될수록 이미 형성된 풍요와 결핍의 벽은 거의 넘을 수 없는 것이 되어가고 있다.

이런 상황에서 일부 대중은 '내가 부자가 될 수 없는 이유' 또는 '내가 완전한 국민이 될 수 없는 이유'가 '준동하는 적' 때문이라는 생각에 빠져든다. 이른바 혐오감정이 등장하는 것이다. 대표적인 예가 학교나 일터에서 또는 온라인 익명 공간에서 벌어지는 '불링 bullying', 곧 집단 괴롭힘 현상이다. 불링의 가해자는 세 범주로 나뉘는데 주도하는 자, 적극적 동조자 그리고 소극적 동조자인 방관자가 그들이다. 여기서 주목할 것은 주도하는 자의 주요 역할이 집단의 정체 모를 불만과 분노가 표출되는 경로를 지정해주는 데 있다는 점이다. 이렇게 경로가 정해지면 정체 모를 불만과 분노는 특정 대상을 향해 집중된다. 여기서 초점은 왜 누군가가 혐오의 대상으로 지목되었는지를 합리적으로 추론할 수 없다는 문제에 있다.

이 과정은 작은 공간에서만 벌어지는 것이 아니라, 넓은 범위의 사회적 혐오감정으로도 나타난다. 대표적인 예가 성소수자에 대한 혐오감정이다. 성소수자가 혐오감정의 대상으로 지목된 이유는 전혀 논리적이지 않다. 성소수자가 문제적인 행위를 벌여서 분노 유발자가 되었다는 증거는 어디에도 없다. 불링의 주도자가 느닷없이 그들을 지목했을 뿐이다. 여기서 주도하는 자는 종교적 서사를 만들어낸다. 신의 섭리에 부합하지 않는 존재라는 것, 그래서 그들은 죄인이라는 것이다. 왜 무수한 죄 가운데 그들의 죄가 특별한지도 논리적으로 설명하지 못한다. 단지 그들이 세상을 오염시킨다는 추상적인 집단적 위기의식이 이유라면 이유다. 해서 혐오하는 대중은 한 번도 만나지 못했을 성소수자를 향해 한껏 모욕과 증오를 쏟아낸다. 이와 같이 특정한 문화적 차이나 성향을 혐오의 근거로 삼아 낙인 찍고 공격하는 메커니즘은 다분히 종교적이다. 이렇게 민주체제 이후 대중의 적잖은 일부가 그런 혐오의 주체의식을 가진 존재가 되어가고 있다.

한데 민주적 제도와 규범은 적어도 형식적으로는 혐오주의를 허용할 수 없다. 이에 혐오하는 대중은 민주체제에 대한 정치적 반대자로 주체화되었다. 그들을 선동하는 자들은 대중에게 더 설득력 있는 담론을 만들어내기 위해 민주체제와 대립하는 메시아를 호출했다. 박정희가 대표적이다. 1997년 민정당, 민자당, 신한국당으로 이어지는 5공·6공 세력이 역사적으로 붕괴하기 일보 직전에 박정희 메시아주의가 등장했다. 영원한 비서실장이라는 김정렴의

회고록, 저 유명한 '내 무덤에 침을 뱉어라'라는 제목의 조갑제 기자의 신문연재, 그리고 가장 박정희 메시아주의에 가까운 해석이 두드러진 이인화의 소설《인간의 길》등 대중의 엄청난 반향을 일으킨 이들 메시아 박정희 담론이 이때 한꺼번에 나온 것이다. 그들은 민주체제가 아니라 박정희 정권과 같은 강력한 권위주의적 체제를 꿈꿨다.

이와 같은 한국의 문화종교 현상은 박정희 메시아주의가 출현하는 1997년에 절정에 이르렀지만, 그 뒤 빠르게 사멸했다. 1997년 외환위기와 IMF 구제금융이라는 단절적 사건의 귀책사유가 민주화세력이 아니라 권위주의 체제에 있었고, 무엇보다 구제금융 이후에도 나라 전체가 경제 문제로 심각하게 흔들렸기 때문이다. 박정희(-박근혜) 메시아주의가 부활한 것은 그로부터 십수 년이 지난 2010년대 이후다.


## '성찰적 대중'의 출현을 위하여

20세기 이후 대중의 출현은 다양한 요인이 결합된 결과다. 한데 정치적 주체로 등장한 대중이 퇴행적 성격을 드러내면서 증오와 정치가 함께 작동되는 과정은 종말론적인 종교적 특성을 보인다. 나는 이를 분석하기 위해 정치종교와 문화종교라는 틀을 제시해 보았다. 이를 통해 한국사회를 읽어내고 일부 대중이 어째서 퇴행적 존재로 주체화되는지를 살펴보았다.

권력도 없고 자원도 없는 자들, 사회적으로 멸시의 대상이 되어야 했던 자들, 그런 이들이 다수인 대중이 왜 또 다른 누군가를 혐오하는 방식으로 주체화되고 혐오를 부추기는 정치세력의 적극적인 지지자가 되었을까. 대중은 그 과정에서 '작은 독재자들'로 군림했다. 모든 권력과 자원을 독점하고 그것을 위해 폭력을 아낌없이 발산시켰던 독재자를 선망하고 모방한 탓일 수도 있다.

이렇게 작은 독재자가 되는 것이 아닌, 다른 가능성을 이야기할 수는 없을까. 퇴행하는 대중이 아니라 성찰하는 대중의 이야기는 수없이 많다. 나는 그중 《성서》를 통해 추정되는 한 대중운동에 관해 간략히 이야기하는 것으로 글을 마치고자 한다. 서기 1세기 말에 실재했을 것으로 추정되는 예수 운동의 한 분파에 관한 이야기다. 나는 그들을 '급진적 자유주의자들'이라고 부른 바 있는데, 그런 대중운동 그룹의 흔적을 보여주는 문서가 바로 〈요한복음〉이다. 특히 1장 14절은 이 문서의 핵심 구절로, 그 집단이 어떤 것을 추구했는지 단적으로 보여준다. "호 로고스 사릌스 에게네토ὁ Λόγος σὰρξ ἐγένετο", 즉 "말씀이 육신이 되었다."라는 문구다. 〈요한복음〉의 저자인 익명의 사상가보다 몇 세기 앞선, 같은 에게해권의 철학자인 플라톤과 아리스토텔레스는 각기 '머리(아르케ἀρχή)'와 '몸(소마 σόμα)'을 강조했다. 이것은 그들의 정치철학과 연결된다. '머리'와 '몸'으로 표현된 신체 부위는 그들이 그리스 도시국가의 정치적 질서를 구축하는 주역이 누구인지를 상징한다. 플라톤이 머리로 표상되는 엘리트 정치를 강조했다면, 아리스토텔레스는 엘리트도 아니고 빈자도 아닌 중간적 존재인 데모스δῆμος의 정치를 강조했다. 이때 그는 데모스를 노동자, 농민, 상인, 기술자 등 몸의 존재로 표상되는 자들로, 그들이 자신을 고양시킬 때 엘리트나 빈자와는 다른 이상적인 정치공동체를 가능하게 할 것으로 보았다.

그런데 〈요한복음〉의 저자는 머리(아르케)는 말할 것도 없고, 자기를 고양시킬 수 있는 몸(소마)의 존재도 아닌 것을 강조한다. 그것은 '사릌스σὰρζ'다. 사릌스는 빈자의 몸, 범죄자의 몸, 악령 들린 몸, 장애가 있어 부정타게 하는 몸 등 한결같이 신으로부터 너무나 먼 곳에 있는 범주의 존재를 가리킨다. 그런데 〈요한복음〉의 저자는 무모하게도 '말씀(호 로고스ὁ Λόγος)'이 '사릌스'가 되었다고 주장한다. 충격적인 해석이다. 성찰하는 것이 가장 불가능하다고 여겨졌던 자들이 신의 존엄함을 더 닮았다고 주장하는 것이다. 그것이 예수가 설파한 메시지의 핵심이라고 말이다. 그는 자신의 수신자들에게, 비록 당신들이 사릌스 같은 존재지만 그럼에도 신과 가장 가까운 존재임을 자각하고 누구보다도 더 철저히 성찰하라고 요청한 것이다. 실제로 〈요한복음〉은 무수한 폭력에 노출된 수신자들에게 저들 가해자의 힘을 욕망하고 모방하지 말 것을 당부하는 말로 가득하다.

이 복음서의 수신자들 주위에는 그런 욕구가 분출하고 있었다. 많은 이가 자신을 수탈하고 폭행을 가하는 권력자를 모방하면서, 자기들보다 더 약한 자들에게 권력자가 되어 증오를 퍼붓는 '작은 폭군들'이 되고자 했다. 이스라엘계 디아스포라 공동체 안에서 일었던 원리주의적 유대주의도 그런 양상을 보였고, 여러 그리스도계 분파도 그런 대열에 올라탔다. 심지어 〈요한복음〉을 수신하는 공동체 내부에서도 그런 조짐이 보였다. 그리하여 이 복음서 공동체 안팎의 '우리' 사이에서 작은 파시스트가 무수히 출현하고 있었다. 〈요한복음〉은 바로 이런 '우리 안의 파시즘'과 일전을 벌이는 문서다. 즉 이 복음서는 자신들의 내면마저 침투하는 일상의 파시즘까지도 허용하지 않으려는 급진적 반파시스트 대중정치에 관한 하나의 전거다.

# 08

# 친구의 언어,
# 친구의 대화

부사의 정치학이 낳은
배제와 억압을 넘어서

**_우찬제**

선거철이면 느끼는 것이지만 후보자들은 결국 유권자들이 "묻지도 따지지도 말고" 자기에게 표를 몰아줬으면 하는 욕망으로부터 자유로울 수 없다. 그러다 보니 자연스럽게 강조부사나 최상급 표현을 자주 사용한다. 장소에 따라, 상황에 따라 슬그머니 말을 바꿀 때도 그런 수사학적 책략을 끌어들인다. 무엇보다 강조부사나 최상급 표현 그리고 대조의 수사를 아무런 반성 없이 사용한다면 더욱 의심해야 한다. 일방향적 파시즘의 언어는 결코 먼 곳에 또는 과거에만 존재하지 않기 때문이다.

## 병을 낳는 말과 진실을 감금하는 말

"폭력의 지옥에서 벗어나기 위해 도망친 사람들. 스웨덴에 도착한 난민들은 안도했고, 착각했다. 공포는 끈질기게 따라왔고, 아이들은 오직 꿈속에서만 평화로웠다." 강렬한 예고편에 이끌려 〈체념 증후군의 기록〉(2019)이라는 다큐멘터리를 보았다. 영상은 40분 정도밖에 되지 않았지만, 견딜 수 없는 존재의 안타까움에 오래 젖게 했다. 제 나라에서 살 수 없는 사람들, 뿌리 뽑힌 사람들이 있다. 어떤 이는 살해 위협을 받았고, 어떤 이는 납치되거나 강간당했다. 생존의 박탈을 강요하는 위협은 어디서든 그들을 불안과 공포에 빠지게 했다. 말 그대로 디아스포라 상태의 난민은 수차 죽을 고비를 넘긴 연후에 가까스로 스웨덴에 도착한다. 예고편에서 언급한 것처럼, 스웨덴에 이른 그들은 일단 안도했지만 그건 착각이었다. 처절한 디아스포라에게 젖과 꿀이 흐르는 복락의 땅은 그리 쉽게 허용되는 것이 아니었을까. 난민 지위를 인정받지 못하면 본국으로 송환되거나 추방되는데, 이런 처지를 견디기란 여간 어려운 일이 아닐 터다. 스웨덴 정부 입장에서도 무작정 난민을 받을 수는 없는 일이니, 디아스포라들의 요청이 거절되는 사례가 비일비재했을 것이다. 세 아이를 중심으로 다룬 이 기록도 그러하다.

불안과 공포의 나날을 견디던 가족은 법정에서 최종 판결을 받는다. 부모보다 스웨덴어를 빨리 습득한 아이는 통역을 통해 판결을 전해 들어야 했던 부모보다 먼저 판사의 말을 알아차렸다. 승인을 거절한다고, 추방한다고, 그러니 본국으로 돌아가야 한다는 판사의 말을 듣는 순간, 아이는 전율하며 트라우마에 빠진다. 학교에 가서도 울기만 하고 친구들에게도 이제 곧 죽을 것이라고 말하는 등 트라우마에 시달리던 아이는 며칠 후 그만 '체념 증후군resignation syndrome'에 걸리고 만다. 말하기를 거부하고 식음을 전폐한다. 점차로 몸이 어떤 자극에도 반응할 수 없고, 깊은 잠에 빠지며, 거의 코마 상태에 이른다. 범인은 판사의 '말'이었다. 자기와 가족을 배제하고 추방하는 말이었다. 말이 독화살처럼 몸에 박혀 몸과 마음을 송두리째 체념에 빠뜨린 것이었다.

처절한 시간이 이러구러 지난 다음, 그 가족은 마침내 기다리던 승인 소식을 접한다. 부모는 코마 상태에서 전혀 반응을 보이지 않는 아이에게 흐느끼듯 말한다. 이제 우리 가족도 여기서 살 수 있다고, 쫓겨나지 않는다고, 그러니 더 이상 불안해하지 않아도 좋다고…. "추방되었다"는 배제의 말에 돌연 체념 증후군에 사로잡혔던 아이는, 망명 신청이 받아들여져 이제 여기서 안심하고 살 수 있다는 포용의 말을 들은 후 은총처럼 회복된다.

다큐멘터리는 추방의 공포와 트라우마로 인해 혼수상태에 빠지는 체념 증후군이 스웨덴에서 3년간 200건 넘게 보고되었으며, 오스트레일리아의 난민수용소에서도 비슷한 증세가 보고되었다고 전한다. 경우가 조금 다르지만 40여 년 전 광산촌인 강원도 고한 지역에서 집단 히스테리 사건이 있었다. 그 무렵 태백에서 교편을 잡았던 작가 최성각의 등단작 〈잠자는 불〉(1986)은 바로 그 사건을 다룬 작품이다. 이제는 상황이 달라졌지만 1980년대 초만 하더라도 8일 동안 연속으로 사고가 발생하지 않으면 광업소가 안전 포상을 받을 정도로 위태로운 곳이 바로 탄광이었다. 그 탄광 지역의 학교에서 어느 날 돌연 아이들이 집단으로 발작을 일으키며 쓰러진다. 두 팔은 마비된 듯 거칠게 뒤틀리고 눈은 흰자위만 남긴 채 충혈된다. 온몸을 고통스럽게 요동치며 공포에 질린 얼굴로 헛소리를 한다. "날 잡으러 와요. 무서워요. 살려 줘요." "불합리한 세계에 대한 불합리한 표현"이었을까.

이 소설을 읽다 보면 매우 실감 나는 사연을 여럿 접하거니와, 실제로 탄광촌은 실존적 조건이 매우 열악했다. 사람이 뿌리내려 안정적으로 살 수 있는 곳이 아니었다. 얼른 탈출하고 싶은 공간이기에, 거기서 사람들은 남녀노소를 막론하고 어둡고 깊은 갱도처럼 한의 깊은 응어리를 지닌 채 겨우 존재한다. 편안하지 않고 늘 불안한 그곳, 너무나 불합리하게 돌아가는 그곳에서의 삶을 더 이상 견디기 어려워지자 아이들은 돌연 괴질과도 같은 발작을, 그것도 집단적으로 일으킨 것이다.

그런데 이 사건을 다루면서 작가는 사태의 진실에 이르는 도정의 험난함을 사려 깊게 헤아린다. 아울러 사람들은 얼마나 이기적이고 때때로 폭력적인가를 깊이 성찰한다. 괴질 사건이 발생하자 학교와 교육청, 언론사, 방역 당국이나 의료진은 서둘러 병명을 대고 이름 붙이려 했다. 작가는 그것을 보면서 고뇌한다. 충분히 설명되지 않은 가운데 서둘러 이름을 붙임으로써 '명명되지 않은 상태' 또는 미해결의 장이나 미결정의 순간으로부터 서둘러 벗어나려는 욕망이 반영된 게 아닐까 질문한다. 이름을 붙이고 설명을 덧대고 나면 자신은 "'그 밖'에 서 있을 수 있"고 밖에 서 있으면 문제와 증상의 안쪽에 함께 있는 것보다 덜 고통스러울 수 있다. 그와 같은 지극히 이기적인 연유로 서둘러 판단하고 이름 붙이고 단정 지으려 하는 것은 아닌지 회의한다. 판단과 설명, 명명이 진실로부터 너무 먼 자리에 있다면 당연히 세계의 불합리성과 부조리성은 증폭될 것이다. 그러면 발작과도 같은 불합리한 표현이나 깊은 체념에 이르는 증후를 보이기도 할 터다. 진실을 열어가는 말이 아니라 진실을 감금하는 말은 분명 문제적이다. 그럼에도 도처에서 묻지도 따지지도 말라는 말言이 말馬처럼 뛰고 있다.

## "묻지도 따지지도 말라"에 숨은 수사의 정치학

"제발! 묻지도 따지지도 말고 마스크 반드시 착용합시다!" 이런 현수막을 본 이들이 많을 것이다. 코로나19 상황에서 감염증 확산을 방지하기 위해 방역 당국을 중심으로 붙여놓은 홍보성 메시지다. 여기서 마스크를 착용하자는 제안을 거절할 명분은 없다. 다만 "묻지도 따지지도 말고" 부분이 걸린다. 그 앞에 "제발"이라고 해 다소 예의를 갖췄지만, 그럼에도 "묻지도 따지지도 말고" 부분은 여전히 문제적이다. 세상에! "묻지도 따지지도 말고" 해야 할 것의 목록에 담을 수 있는 행위에는 무엇이 있을까? 어쩌면 살인? 살인 뿐 아니라 생명 살해는 묻지도 따지지도 말고 해서는 안 될 것 같다. 그런데 이런 말을 들으면 어떤가? "(18세였던 1955년에) 나는 임신 중이었고 그는 권총을 든 손을 뻗으며 나에게 다가오고 있었다. 내가 어떻게 해야 했을까. 나를 죽이도록 그냥 놔뒀어야 했나." 이탈리아 4대 마피아 중 하나인 카모라의 첫 여성 두목이었던 아순타 마레스카. 2021년 말에 타계한 그녀는 2013년 자신의 젊은 시절을 소재로 한 영화가 출시되었을 때 대중 앞에서 살인 보복을 정당방어라고 변명하며 그런 말을 했다. 이 사건은 법원에서 정당방어로 인정받진 못했지만, 정당방어로 인정된 여러 사례를 들여다보면 "묻지도 따지지도 말고" 해야 할 영역을 가늠하기란 몹시도 어렵다.

그럼에도 불구하고 도처에서 "묻지도 따지지도 말고"가 자주 원용되는 것은 어찌 된 까닭일까? 우선 불확정 상태, 유동적인 상태의 불안을 반영한 말일 수 있다. 박경리의 대하소설 《토지》의 말법을 빌리면 세상사 인간사 참 "기기묘묘"한 것이어서 진실을 헤아리기 쉽지 않다. 그러기에 진실을 발견하기 위한 도정, 그리고 진실의 방향대로 공동체의 의견을 수렴하는 과정은 상당히 어려운 일에 속한다. 코로나19 유행 초기만 하더라도 마스크를 써서 감염을 예방할 수 있는지 여부를 확신할 수 없었다. 특히 서구에서는 마스크가 얼굴을 가리는 데 따른 문화적 거부감으로 인해 합의가 쉽지 않았다. 이론이나 반론의 여지가 있을 때 권유하거나 명령하는 쪽에서는 "묻지도 따지지도 말고" 따라와준다면 더없이 좋을 것이다. 수신자 입장에서도 비슷할 수 있다. 이것저것 따지고 고민하기 귀찮은데 "이게 맞아." "이렇게 하면 돼."라고 누군가 강력하게 말해주면, 그래서 그것에 따르면 편할 때가 있다.

예전에 삼국시대 신라의 권력자로 알려진 여성 '미실'을 다룬 사극이 인기리에 방영되었다. 그때 한 역사학자가 사석에서 했던 말이 기억난다. 미실의 이야기가 담겨 있는 《화랑세기》의 존재를 역사적으로 인정하는 학자는 행복하다. 변함없는 신념 덕분에 더 이상 고민하지 않아도 되기 때문이다. 반대의 경우도 행복하다. 그 책은 거짓이니까 더는 고민할 필요가 없다. 그러나 《화랑세기》가 진짜인지 아닌지 여전히 고민하며 묻고 따지는 이들은 불행하다. 이를 확증할 사료가 많지 않은 가운데 판단하는 데 도움이 될 만한 여러 자료와 맥락을 찾고 헤아리며 묻고 따져야 하는 까닭이다. 작가 최성각이 〈잠자는 불〉에서 회의했던 내용과 엇비슷하다. 불확정적 진실에 대한 불안이 확정적 비진실의 상태를 진실이라고 오인하게 하거나 이데올로기적으로 서둘러 따르게 한다.

최수철의 문제작 〈말처럼 뛰는 말〉의 주인공 최배중은 말의 소통 문제에 대해 진지한 성찰을 보이는 인물이다. 그는 자기가 한 말이 상대에게 어떻게 전달되고 어떤 영향을 주며 어떤 반응을 불러일으킬 것인지 고뇌한다. 그런 "세심한 마음 씀 없이 어떻게 그렇게 말 자체의 힘에 편승하여 입을 놀려댈 수 있다는 말인가."라고 진지하게 성찰하게 된 계기는 자신이 "타인의 말이 가하는 폭

력"에 여러 차례 상처받았기 때문이다. 그가 보기에 말은 곧 흉기
인 경우가 많았다. 그런 흉기를 상대에게 휘두르는 신체 기관인 입
과 혀의 공격성을 예리하게 관찰하게 된 이유도 그런 맥락에서다.
상대방에 대한 배려나 이해와 공감 없이 제멋대로 폭력적인 말을
내뱉는 '아가리'들에 상처받은 주인공은 결국 남과의 대화를 포기
하고 자기와의 대화에 몰입한 나머지 귀머거리, 말벙어리 형상이
되기에 이른다. 작가가 표제를 '말馬처럼 뛰는 말言'이라고 한 것
도 그런 까닭이다(인간중심주의를 넘어서 동물해방 비평적인 사고를 강
조하는 최근의 담론에 따르면, 날뛰는 말馬의 부정적 이미지를 전경화한 이런
발상 자체도 다시 성찰해야 하겠지만 말이다). 프랑스 작가 르 클레지오
의 《홍수》에서 주인공이 실어증에 걸리고 마는 것도 비슷한 사정
에서다.

어쩌면 0 아니면 1이라는 이진법의 세계를 기조로 하는 디지털
세상에서, 묻지도 따지지도 말라는 생각이 더욱 확산된 것이 아닐
까 싶기도 하다. 속하거나 속하지 않거나, 나의 편이거나 남의 편
이거나, 흑이거나 백이거나. 이런 식의 이분법이 만연할 때 경계선
을 퍼지 논리fuzzy logic에 따라 다양한 스펙트럼으로 살피면서 진실
을 찾아나서는 노력은 폄훼되기 쉽다. 어떤 원소가 어떤 집합에 속
할 때 1, 속하지 않을 때 0, 이렇게 두 경우만이 아니라 그 속하는
정도를 미분하면 다양한 정도의 퍼지 함수를 고려할 수 있다. 정도
가 미분화되면 인간 사고나 감정의 다양한 정도를 헤아리고 표현
할 수 있는 변별적 언어나 징표를 마련할 수 있다. 그러나 사람들

의 사고나 감정작용의 구도가 복합적인 것을 싫어하는 사람들도 있다. 파시스트들이 대표적이다. 그들이 원하는 대로 대중을 동원하기 위해서는 연설 과정에서 사람들의 복합적 사고와 감정구조를 단순화하는 게 필요했다. 단순해져야 "묻지도 따지지도" 않고 순종하기 때문이다.

올더스 헉슬리의 《멋진 신세계》에서 말은 단일한 지시대상으로 주입될 따름이다. 언어의 소통은 획일적 사고를 정련하는 쪽으로 작동한다. "오늘날에는 모든 사람이 행복합니다."라는 말을 다섯 살 때 모든 사람이 배워 자라서도 대개 그렇게 믿는다. 버나드는 그런 상황에 회의의 시선을 보낸다. 그는 "다른 방법으로 행복할 수 있는 자유"를 생각하고 욕망한다. 타인과는 다른 나 자신만의 고유한 방식으로 행복할 수 있는 자유로운 방법을 고뇌한다. 이런 버나드의 생각에 레니나를 비롯한 대부분은 동의하지 않는다. 무슨 말인지 모르겠다고 한다. 과연 '멋진 신세계'가 "묻지도 따지지도 말고" 따르는 사람들로 이루어진 끔찍한 디스토피아였던 까닭이다. 그런데 헉슬리의 이야기는 현실을 너무 그로테스크하게 왜곡한 사례에 불과한 것이었을까? 유감스럽게도 그에 대해 우리는 긍정적인 답변을 마련할 수 없다. "묻지도 따지지도 말고"는 감염증 확산 차단을 위한 현수막에만 존재하는 것이 아닐 것이기 때문이다.

## 배제의 언어는 어떻게 억압의 기술로 이어지는가

헉슬리의 《멋진 신세계》에서 말은 기계문명이 지시하는 획일적 의미를 넘어서지 못한다. 다른 의미를 포용하지 못하고 전적으로 배제한다. 배제를 통해 다른 생각을 차단하고 다른 감정의 흐름을 봉인한다. 배제의 언어가 창궐하면 억압의 기술도 늘어나게 마련이다. 그 둘은 양(+)의 함수관계에 있는 듯 보인다. 《멋진 신세계》에서 언어는 이성적 사유를 바탕으로 한 표현이나 소통의 기제가 아니다. 헉슬리가 그린 공간이 정녕 디스토피아인 이유 중 하나는 탈난 말들의 풍경이다. 거듭 말하지만 이는 단순한 허구가 아니다. 배제의 언어를 통해 억압의 기술을 현실화하는 사례가 현실에서 빈번하기 때문이다.

상식적으로 생각할 때 학문적 커뮤니케이션은 가장 이성적인 언어를 바탕으로 한 로고스의 향연일 것 같다. 그런데 꼭 그렇지만은 아닌 게 현실이다. 예전에 이런 일이 있었다. 학위논문 심사철만 되면 논문 읽느라 너무 바쁘고 힘들다는 내 말을 들은 한 작가가 내게 이렇게 일러줬다. 그걸 뭐하러 다 읽느라 고생하느냐고. 심사의 노하우를 아직 모르느냐고. 순간 난 긴장하지 않을 수 없었다. 학창 시절 이른바 '족보'라는 걸 모른 채 내 나름대로 미련하게 준비해 시험을 봐서 그리 소망스러운 결과를 얻지 못했던 상처가 되살아나는 순간이기도 했다. 석사학위까지 받았던 그 작가의 말인즉, 같은 날 여러 명의 논문 심사를 하면 첫 번째 심사 대상의 논문만 적당히 읽으면 된다. 논문이란 늘 문제를 안고 있기 마련이기에 그중 몇 가지를 표시해두었다가 첫 심사 시간에 호되게 나무라며 비판적 지적을 소리 높여 날리면 된다. 가능하면 강조부사나 최상급을 적절히 활용한다면 더 효과적이다. 그러면 그 친구가 심사장을 나와서 대학원 동료들에게 아무개 교수의 지적 때문에 엄청 혼났다고 소문낼 것이 분명하다. 두 번째 학생부터는 적절히 조금씩만 언급해도 그날 모든 논문 심사를 엄격하게 한 것으로 학생들은 생각할 것이다. 그러면 되지 남지도 않을 석사논문을 다 읽느라 시간 낭비할 필요가 없다…. 대충 그런 이야기였다.

그게 어쩌면 심사 '족보'에 속할 수도 있겠지만, 난 그럴 수 없겠다고 말했다. 논문을 인준하지 않으려면 몰라도, 인준하기 위해서는 청구자와 심사자가 공동으로 책임질 수 있는 수준까지 논문의 질을 끌어올려야 한다고 생각하기 때문이다. 그렇다면 당연히 꼼꼼하게 읽어야 한다. 인문학 논문은 적당히 읽으면 들키지 않을 함정이 매설되어 있을 수 있는데, 심사 과정에서 걸러지지 않으면 곤란한 까닭이다. 최근 유력 인사들의 과거 논문에서 이른바 '표절 논란'이 잦은데, 이런 참담한 상황을 가져온 가장 큰 이유 중 하나는 심사자들이 논문을 제대로 읽지 않은 탓이 아닐까 한다. 물론 일차적으로는 논문을 작성한 본인의 잘못이겠지만, 지도했거나 심사에 참여한 이들 역시 책임에서 벗어날 수 없다.

나는 표절이 제출자만의 문제라고 책임을 떠넘기는 어떤 지도교수의 말을 듣고 아연실색하지 않을 수 없었다. 대학원 인권위원회가 생긴 이후 조금 나아지는 분위기지만 아직도 논문 발표회장이나 심사장에서 권위를 앞세운 큰소리가, 최수철의 비유처럼 '말처럼 뛰는 말'이 난무하는 것은 심각하게 곱씹어볼 일이다. 더욱이 큰소리에 책임이 동반하지 않는다면 더 곤란하다. 커뮤니케이션 학자 이준웅이 《말과 권력》에서 지적하듯이, '가는 말이 고와야 오는 말이 곱다'는 순리를 뒤집어 '가는 말이 험해야 오는 말이 곱다'는 역리를 떠올리게 한다. "강자가 말할 권리와 기회를 더 많이 갖고 그것을 배분하는 경향이 있다."는 말이 정치나 경제 현장뿐만 아니라 학술 공동체에서도 부정적으로 관철된다면, 그것은 정녕 성찰의 대상이 아닐 수 없다. 우리가 상식적으로 생각하는 로고스의 향연은 그런 풍경이 아닐 터이기에 그렇다.

대학원생으로 공부를 시작할 무렵 처음 참석했던 한 학회 풍경이 떠오른다. 한 학자의 발표가 끝나자 청중에 있던 발표자보다 선배인 학자가 매우 고압적인 목소리로 발표자를 추궁했다. 본인이 이미 이런저런 논문에서 중요한 논의를 제출한 적이 있는데 그걸 읽지도 인용하지도 않고 무슨 이따위 발표를 하느냐며, 시간이 아깝다고 발표 요지를 함부로 팽개치더니 획 밖으로 나가는 것이었다. 가히 충격적인 장면이었다. 절차적으로는 거친 호통과 격렬한 퇴장이 충격이었고, 실질적으로는 제대로 기존 논의를 검토하지 않고 적당히 발표한 내용이 유감스러웠다. 아직은 체벌의 교육적 효과를 이야기하던 시절이어서 그 선배 학자는 후배에게 따끔하게 회초리를 든 것이었을까. 그러나 이면에는 배제와 포용, 부정과 인정의 욕망이 거칠게 길항하고 있었음을 짐작할 수 있다. 회초리를 든 선배 입장에서는 자기 학문을 인정하지 않은 후배가 괘씸했을 것이다. 발표자의 입장에서는 어쩌면 읽지 않았거나 읽었더라도 부정하거나 배제하고 싶었는지도 모른다.

　나중에 인용이나 기존 논의 검토가 매우 정치적으로(?) 이뤄진다는 사실에 픽 실망했던 일도 한두 번이 아니다. 학문적 권력관계나 학연 또는 친소 관계에 따라 인용하거나 언급하지 않는 일이 비일비재했던 것이다. 또 다른 배제의 양상도 많다. 기존 논의를 데이터베이스에서 검색하는 것이 주를 이루다 보니 거기서 검색되지 않는 종이책의 논의가 검토 대상에서 어처구니없이 배제되는 일도 종종 생긴다. 이런저런 이유로 이 분야에서 의미 있는 기존 논의는 '거의' 없다는 표현을 간혹 본다. 제대로 찾아 읽지 않은 게으름의 소산이거나 이데올로기적 배제의 책략일 가능성이 크다. 이전에 이뤄진 논의를 공정하게 평가하고 그 허물을 비판적으로 검토해 새로운 논의의 지평을 열 때 자기 논지도 분명해진다. 그런 진실한 설득의 과정을 제대로 보이지 않을 경우, 로고스의 언어는 종종 배제의 언어가 되고 억압의 채널이 된다. 그럴수록 배제의 언어가 공정하지 않은 권력으로 스며들 가능성도 높아진다.

## 부사副詞의 거리를 웃으면서 헤쳐가는 법

코로나19로 인해 예전보다 덜해지긴 했지만, 아직도 거리에 나서면 "예수 천국, 불신 지옥" 소리를 듣는다. 미리 말하건대 특정 종교에 대해 말하려는 게 아니다. 극단적 대조로 사람과 사물, 세상과 의미를 명확하게 가르는 말법에 대해 논의하고 싶은 것이다. 세상의 모든 것을 대조의 거울로 보면 무척 선명하게 보이겠지만 그게 과연 진실일까? 그 거울을 믿어도 좋을까? 게다가 그것이 '나' 중심의, 그러니까 내가 의도하는 대로 타인을 결속시키려는 수사학적 의도를 가지고 행하는 권력의 말법이라면 더 의심스럽지 않을까?

아돌프 히틀러, 그는 '천千의 언어'를 지닌 연사였을까? 히틀러는 진정성을 가지고 합리적으로 대중에게 다가가면 그들을 이해시킬 수 없다고 생각해, 감정을 부추기는 단순한 구호 형태의 연설로 대중을 사로잡았던 연설가였다. 많은 이가 그의 연설에 그저 매료되고 이끌릴 수밖에 없었다고 술회했거니와, 그는 무엇보다 대중이 원하는 말을 골라 하는 재주가 있었다. 대중이 부정하고 싶은 것을 더욱 강력하게 부정하는 네거티브 화법으로 관심을 끌었다. 그러고는 자신이 욕망하는 대로 대중이 욕망하도록 말했다. 자연스럽게 그는 일련의 강조 부사를 자주 사용했다. 김종영이 《히틀러의 수사학》에서 잘 정리한 것처럼 '아주' '특히' '정말로' '참으로' '전대미문의' '유일무이한' 같은 강조어를 즐겨 쓰면서 대중의 마음을 파고들었다. 또 최상급의 표현을 많이 썼다. '삶에서 중요한' 정도로 써도 되는데 '삶에서 가장 중요한'이라고 말했고, '엄청난'도 매우 강조하는 말인데 굳이 '가장 엄청난'이라는 표현으로 더욱 강조했다. 빈번한 강조부사와 최상급의 사용으로 수신자가 이성적으로 판단할 여지를 현저하게 좁히고 대화의 가능성을 없앴다. 그리하여 말과 권력이 일방향으로 전달되는 독특한 수사학적 풍경을 연출했다.

결국 히틀러는 천의 언어를 지닐 뻔한 연사였지만, 언어와 의미의 부정성을 극적으로 환기한 수사가에 그쳤다. 그는 작가와 연사의 수사학적 상황의 차이를 인식한 사람이었고 고전 수사학을 통해 청중의 반응을 어떻게 이끌어낼 수 있을지를 무척 궁리했던 연사였다. 그의 수사는 당시 군중에게 영향력을 미치며 동의를 이끌어냈다. 그러나 그의 수사학적 책략의 결과는, 그 끝은 누구나 아는 것처럼 비극적이었다.

어디 히틀러뿐이겠는가? 강조부사를 즐겨 쓰고 최상급을 애용하는 사람이 있다면 신중하게 관찰하고 각별하게 주의해야 할 필요가 있다. 특히 많은 정치인이 강조부사와 최상급을 즐겨 사용하며 허황된 분위기를 연출하지만 정작 알맹이 없는 공허한 말잔치를 하는 사례를 쉽게 찾아볼 수 있다. 우리는 태산이 떠나갈 듯 요동쳤으나 뛰어나온 것은 쥐 한 마리뿐이라고 했던 '태산명동서일필泰山鳴動鼠一匹'이라는 고사를 잘 알고 있다. 진실은 허장성세로 장식한 허황한 말에 허망하게 휘발되기 일쑤다.

선거철이면 느끼는 것이지만 후보자들은 결국 유권자들이 "묻지도 따지지도 말고" 자기에게 표를 몰아줬으면 하는 욕망으로부터 자유로울 수 없다. 그러다 보니 자연스럽게 강조부사나 최상급 표현을 자주 사용한다. 장소에 따라, 상황에 따라 슬그머니 말을 바꿀 때도 그런 수사학적 책략을 끌어들인다. 유세 현장에서 후보자의 에토스와 로고스와 파토스 전략을 의심하며 성찰한다면, 의미와 소통의 진정성과는 다른 비판적 맥락을 확인할 수 있다. 무엇보다 강조부사나 최상급 표현 그리고 대조의 수사를 아무런 반성 없이 사용한다면 더욱 의심해야 한다. 일방향적 파시즘의 언어는 결코 먼 곳에 또는 과거에만 존재하지 않기 때문이다. 무반성적 파시즘의 언어는 모방력이나 파급력도 상당한 편이어서, 코로나19 변이 바이러스처럼 쉽게 확산된다. 상황에 따라 체념 증후군을 유발할 가능성도 배제하기 어렵다. 그러니 이 팬데믹 시대에 부사副司의 거리에서 말의 풍경을 사려 깊게 살피고 비판적으로 대응할 필요가 역력하다. 지배적 언어를 넘어서 대화적 언어로, 단정적 언어에서 성찰적 언어로, 배제적 언어에서 포용적 언어로, 공격적 언어에서 연민의 언어로 나아갈 수 있는 말의 해방 가능성을 모색해야 하는 것이다.

마치기 전에 옛 기억 하나를 덧붙인다. 학창 시절 내가 다니던 학교의 후문에는 인문사회관 현관 쪽으로 난 직선거리의 길이 없었다. 비교적 너른 잔디 광장이 있어, 그 광장을 타원형으로 돌아야 건물로 진입할 수 있도록 길이 놓여 있었다. 항상 그렇듯이 젊음에게 미리 준비하는 시간은 그리 넉넉하지 않아 수업 시간에 맞춰 아슬아슬하게 후문에 도착하기 일쑤였다. 그러면 길을 따라 우회하기보다 잔디 광장을 냅다 가로질러 직진하는 학생이 늘어났다. 광장에 이내 훤한 길이 생길 정도로 잔디가 소실되어가는 것도 자연스러웠다. 그러자 학교 당국은 "잔디에 들어가지 맙시다!"라는 팻말을 후문 근처에 세웠다. 며칠 후였을까. 팻말의 아래 빈칸에 이런 문장이 덧붙었다. "길에 잔디를 심지 맙시다!" 어떤 학생이었는지 지금 생각해도 기발한, 천의 언어를 구사한 셈이다. 어쩌면 장난처럼 했을지도 모른다. 그런데 아니었다. 그 말이 기적을 불러왔다. 이용자가 길로 규정한 그곳을, 잔디가 훼손된 그 부분을 학교 당국이 파헤치고 아예 콘크리트 포장해서 진짜 길로 만들었던 것이다.

"잔디에 들어가지 맙시다!"는 분명히 일방향적인 사동형의 문장이었다. 그쪽으로 자꾸 다니면 잔디가 훼손되니 "묻지도 따지지도 말고" 들어가지 말라는, 그러니까 수신자의 사유나 감정구조를 좁히는 명령형의 문장이었다. 그런데 그 말을 수동적으로 수용하거나 체념하지 않고, 또는 슬그머니 위반하지도 않으면서 다른 말로 대화를 요청했다. "길에 잔디를 심지 맙시다!" 그 요청에 최초의 사동형 명령문의 발신자도 수신자가 되어 응답했다. 그리고 거꾸로 수신자에서 발신자로 존재를 바꾼 대화자의 요청을 수용하기에 이르렀다. 천의 언어에 의한 천의 대화를 실감한 장면이었다. 그 순간 나는 참 좋은 학교를 다닌다는 느낌에 사로잡혔다. 일방적인 부사副詞의 거리를 넘어서 천의 언어로 빛나는 진실한 천의 대화의 지평을 차근차근 동사動詞로 실천해나간다면, 크고 작은 말의 기적을 이루어낼 수 있지 않을까 기대한다. 그랬으면 좋겠다.

# 09

## 우리 안의 행진곡과 소리의 식민성

청각을 통해 작동하는
일상 속의 파시즘

_배묘정

한국 근현대사 속에서 쉽게 찾아볼 수 있는 군가풍의 행진곡, 행진곡
풍의 군가는 규율권력의 이데올로기를 담는 그릇의 구실을 했다. 한국
근현대사에서 행진곡류의 노래에 주목해야 하는 이유가 있다면, 단지
그것이 일본 제국의 통치와 동원의 수단 가운데 하나였기 때문이 아니
라 오히려 식민지배 시대의 자기복제 과정을 거쳐 도달한 내면화의 지
점에서 찾을 수 있다. 박정희 군사정권으로부터 시작된 개발독재는 명
실공히 '군가와 행진곡의 시대'의 개막을 선포했다. 국가의 주도하에
만들어진 행진곡풍의 수많은 건전가요들은 대중에게 국가와 민족, 겨
레와 동포라는 거대 서사를 위해 끊임없이 전진할 것을 독려하고 있으
며, 여기서 개인의 목소리는 손쉽게 소거되고 있다. 군부독재의 시대
가 군가와 행진곡의 장려·유행과 밀접한 관계 속에서 전개되었다고 해
도 과언이 아닐 수 있는 이유는 바로 여기에 있다.

## prologue : 1980년대의 쓸쓸한 기억, 행진

나에게는 특별하다면 특별할 수 있는 어린 시절의 기억이 있다. 1970년대생으로 1980년대 초중반 공교육의 제도권에서 양육된 나는, 어린아이의 눈에도 기이하기만 했던 규율권력의 실체를 일찍부터 경험했다. 그곳은 이른바 MZ세대들에게는 생소하기 짝이 없는 '국민학교'라는 곳이었다. 명실상부하게 그곳은 '국민'의 학교였다. 기초적인 수준의 교육을 제공한다는 초등학교의 의미와는 달리, 국민학교는 '건전한 국민'을 양성하는 국가의 말단 조직으로 기능했다. 툭하면 기합을 주고 몽둥이를 휘둘러대는 선생님들과 계절이 바뀔 때마다 주어지는 이상한 지시사항들, 예컨대 학교 정원을 꾸미는 데 필요한 잔디 떠오기, 잔디를 심기 전에 잡초 제거하기, 난방용 연료가 될 솔방울 주워오기 등 학생들의 노동력을 야무지게 활용해 인건비를 절약했던, 지나치게 검소했던 나의 학교는 성인이 된 이후에도 한참 동안 악몽의 소재가 될 만큼 두렵고 싫은 곳이었다. 이름 모를 들풀과 잡초들로 무성한 들판 가운데 대체 어디에서 잔디를 구할 수 있었겠는가. 또 한겨울 눈 덮인 산기슭에서 솔방울을 한 포대 가득 주워오게 한다는 것이 과제물이라는 이름으로 용인될 수 있는 일인가. 불합리의 극단에 있는 이러한 숙제들과 함께 다종다양하기만 했던 명령과 규율 속에서 아슬아슬하게 줄타기를 했던 시간들이 나의 국민학교 시절이었다.

그 기이하고 공포스러운 규율 가운데 하나가 '행진'이었다. 매주 토요일 네 시간의 수업을 마치고 나면, 동네별로 모인 학생들은 애국조회를 마친 뒤 이열종대로 발을 맞추며 집으로 향했다. 자가용이나 대중교통이 지금처럼 흔치 않았던 그 당시 학교에서 집으로 가는 길은 어린아이 걸음으로 족히 한 시간은 걸리는 짧지 않은 거리였다. 논과 밭을 지나 몇 개의 언덕과 다리를 건너야 했던 그 길을 행군의 걸음걸이로 완주하는 것은 여간 힘든 일이 아니었다. 그러나 육체적인 고통보다 더 괴로웠던 것은 친구와의 어색한 관계로부터 비롯된 정신적인 스트레스였다. 6학년 회장 오빠의 '왼발, 오른발' 구호에 발을 맞춰 걷다 보면 어느 순간 나도 모르게 발의 순서가 뒤엉켜버렸고, 그렇게 질서를 잃은 두 발은 바로 앞을 걸어가던 친구의 발뒤꿈치를 걷어차기 일쑤였다. 그때마다 쏘아보듯 노려보던 그 친구의 사나운 눈초리에 의도와는 다르게 가해자가 되었던 나는 한없이 위축될 수밖에 없었다.

정서적 트라우마는 결국 소심한 일탈로 이어졌다. 나는 친하게 지내던 친구 하나를 꾀어내 토요일 오후의 조회를 빼먹는 대신 일탈의 주체가 되어 바쁜 걸음으로 하굣길에 올랐다. 말하자면 도망을 나온 것인데, 행진의 대열에 발각되지 않기 위해 우리는 거의 뛰듯이 걸었다. 다리가 조금 불편했던 친구가 달리기에 힘이 부칠 때면 볏가리 뒤에 숨거나 다리 밑 또는 움푹 패인 논밭의 구덩이 같은 곳에서 대열의 모습이 사라질 때까지 숨을 죽이며 기다리곤 했다. 그러한 일탈 행위는 나름의 쾌감을 선사했지만, 한편으로는 두려움과 죄의식을 불러일으키기도 했다. 그럼에도 불구하고 뒤꿈치를

우리 안의 파시즘 2.0

차인 친구의 불평과 비난을 듣는 것보다는 그 편이 나았다.

왜 나의 학교는 그토록 해괴망측한 규율을 강요했을까. 왜 우리들은 어린 나이부터 군대식 행진을 익혀야만 했을까. 이제 와서 돌이켜보면, 그것은 국가가 국민을 훈육하는 전형적인 방식의 하나였다. 국가라는 '아버지의 이름'에 순종하는 국민의 육성, 그 권위주의적인 권력에 의해 구사되는 통제 기술 가운데 하나가 토요일 방과 후의 행군이었다는 사실을 나이가 든 후에야 깨닫게 되었다. 그리고 어쩌면 친구의 뒤꿈치에 상처를 낼 수밖에 없었던 국민학교 시절의 행진에 얽힌 부정적인 기억이, 지금에 이르러 '우리 안의 파시즘'에 관해 한마디를 보탤 수 있게 된 기원인지도 모른다는 생각을 이제야 하게 된다.


## scene 1: 행진하는 신체 = 동원 가능한 신체

행진에 대한 사적인 기억이 1980년대 국민학교 시절의 경험에서 비롯된 것이었다면, 공적인 기억으로서의 행진은 조선이 일본의 식민지배를 받기 시작한 때로 거슬러 올라간다. 일본의 근대는 대중을 국민으로 조직하기 위해 가장 효과적인 장치가 무엇인지 궁리하고 개발하는 데 총력을 기울인 시기였다. 대중을 국민화하는 작업은 질서나 후생 등으로 표방되는 근대적인 이념과 가치를 교육하는 방법을 통해서만이 아니라, 국가가 국민의 신체를 직접적으로 관리하고 통제하는 과정을 통해서도 수행되었다. 국민 개개인을 대상으로 체력장이나 신체검사를 정기적으로 실시하고, 마을 단위부터 더 큰 규모의 공동체에 이르기까지 집단체조를 보급한 사실에서 알 수 있듯이 국민의 신체는 국가라는 규율권력에 의해 국유화되고 규격화되었다.

흔히 '라디오 체조ラジオ体操'로 알려져 있는 집단체조는 1920년대 말부터 일반 가정에 라디오가 보급되기 시작하면서 방송 전파를 타고 일본 전역에 급속도로 확산되었는데, 아침 일찍 일어나 공동체의 구성원들과 함께 동일한 동작을 하는 집단주의적인 행위는 결국 국가와 국민 간의 일체감을 획득하는 중요한 지배와 통제 수단이었다. 그것은 근대 이전의 행진하기에 부적절한 이른바 '남바 신체ナンバ身体'를 행진 가능한 신체로 개조하는 것을 뜻한다. 왼발과 왼팔이 같이 나가는 '남바 걸음'의 신체로서는 행진이라는 집단적인 동작이 가능할 리 없기 때문이다. 여기서 행진 가능한 신체는 곧 전시 동원 가능한 신체와 같은 의미를 지닌다. 이 대목에서, 일요일 아침 일찍 같은 국민학교에 다니는 학생들과 국민체조를 하던 기억이 새삼 떠오르게 된다. 우리의 국민체조는 제국주의 시절 일본의 라디오 체조와 다를 바 없는 것이다.

일본 제국은 특히 총동원령을 선포하면서 국민의 신체를 상시 동원 가능한 신체로 조형하는 데 박차를 가했다. 행진곡이 일본 국민의 귀를 사로잡았던 특수한 문화현상도 이 시기에 나타난 일이었다. 1937년에 발표된 〈애국행진곡愛国行進曲〉은 빅터 레코드와 같은 일본 최고의 음반사들에서 발매되어 당시 일본인에게 애창되는 국민가요로서 큰 인기를 얻었다. "가라, 팔굉八紘을 집으로 삼고 사해의 사람들을 이끌어 바른 평화를 일으켜 세우도록"이나 "우렁찬 걸음걸이를 이어받아 대행진으로 나아가는 저편에 황국에 영원히 영광 있으라"와 같은 소절들은 행진이 지향하는 바가 '내선일체內鮮一体'와 '오족협화五族協和'를 특징으로 하는 일본 제국주의의 이념과 같은 것임을 여실히 보여준다.

애국행진곡을 비롯해 행진곡에 사용되는 2박자, 4박자 계통의 리듬은 행진하는 발걸음에 최적의 조건을 제공한다. 그리고 이러한 행진의 리듬에 익숙해진 신체는 일본 제국이 명령하는 곳을 향해 끊임없이 전진해 나간다. 총동원 시기에 상연된 그 많은 선전극 속에 기미가요 제창과 함께 가장 빈번하게 삽입되었던 노래 양식이 행진곡이었다는 사실은 식민주의 이데올로기와 행진곡 사이의 관계를 밝혀주는 또 다른 예로서 거론될 수 있다. 청일전쟁 무렵에 작곡된 〈군함행진곡〉부터 시작하여 총동원 시기의 〈애국행진곡〉을 거쳐 태평양전쟁을 앞두고 만들어진 〈국민진군가〉에 이르기까지, 일본인들 사이에서 널리 불린 대표적인 행진곡들은 제국주의 일본의 청각적인 상징으로서 부족함이 없다.

이러한 점을 고려할 때, 전형적인 행진곡 양식의 일본 제국 군가가 식민지 조선에서 독립을 열망하는 노래로 뒤바뀐 아이러니에는 당혹감을 느끼지 않을 수 없다. 일찍이 음악학자 민경찬 교수는 조선의 독립군가, 북한의 항일혁명가요, 중국 조선족의 항일

군가 등 일본 식민지배 시기에 불렸던 독립투쟁의 노래 속에 남아 있는 일본 군가의 흔적에 대해 밝힌 바 있다. 〈일본해군日本海軍〉〈적은 몇 만敵は幾万〉〈군함행진곡軍艦行進曲〉〈철도창가鉄道唱歌〉와 같은 1900년대 초반에 작곡된 일본의 대표적인 군가나 창가들은 식민지 조선을 비롯하여 중국과 북한 등지에서도 거의 가사만 바뀐 채 반일 민족주의 사상을 표방하기 위한 노래로 널리 불렸다는 것이다. 이 가운데 〈일본해군〉은 조선족 항일군가 〈우리네 동북을 사랑합시다〉〈동북인민혁명군가〉와 북한 항일혁명가 〈조선인민혁명군〉〈모두 다 반일전으로〉 등으로 선율이 차용되어 사용되었다. 또 〈철도창가〉는 "학도야 학도야 청년학도야"로 시작되는 〈학도가〉의 원곡으로, 일제강점기의 대중가요로 그리고 개신교의 찬송가로 애창되며 부지불식간에 '민족의 노래'로 전유되었다.

일본 제국의 군가가 식민지와 점령지의 영토에서 기묘하게 변용된 그 모순적인 상황은 아무리 정교하게 가사를 고쳐 썼다 하더라도 달라지지 않는다. 개사의 과정은 노래의 외연은 바꿀지언정, 그 안에 내포되어 있는 정치적 맥락마저 탈각시키지는 못한다. 여기서 문제가 되는 것은 '언어적 텍스트'에 해당하는 가사와 함께 선율과 리듬으로 구성되는 '비언어적 텍스트'의 차원이다. 신체의 동물적인 감각에 즉각적으로 작용하는 소리와 리듬의 요소 또한 가사의 메시지만큼이나 위험할 수 있으며, 때로는 더 위험할 수 있기 때문이다. 일본 제국의 군가가 공산주의 혁명과 민족의 독립이라는 이념에 봉사하는 노래로 전유된 배경에는 당시 음악 콘텐츠

부족 또는 일본 문화와의 친밀성 등이 거론된다. 그러나 번안 원곡이 제국주의의 선전·선동을 위한 노래였다는 사실을 그들은 과연 몰랐을까, 라는 의구심이 드는 것은 왜일까. 확실한 것은 이미 검증이 완료된 민족주의와 공산주의의 퇴행성은 행진곡의 음악 형식으로 환유되는 군국주의 또는 전체주의의 폭력성과 다르지 않다는 점이다. 행진곡의 감각에 익숙해지기 시작한 출발점부터 일상적 파시즘의 조건이 두루 갖춰진 배후에는 이와 같은 역사적 아이러니가 자리 잡고 있다.

국민의 신체를 동원 가능한 신체로 변형하기 위한 음악적 장치로서 행진곡이라는 음악 양식 안에는 획일주의와 집단주의의 사고가 면면히 흐르고 있다. 자유와 독립을 향한 의지는 숭고한 것이겠지만, 제국의 군가에 담긴 위험성에 대한 성찰적인 문제의식의 부재는 아쉬울 따름이다. 일본 군가를 가사만 바꿔 사용한 행위는 표절이라는 윤리적인 비난을 피할 수 없지만, 그보다 더 문제시되어야 하는 지점은 행진곡이라는 감각적인 장치를 기획하고 구성하는 규율권력의 목소리를 외면하거나 살피지 않았다는 데 있다. 해방 이후 한국 현대사의 굴절된 역사 속에서 '행진'의 정신이 일상적 파시즘의 한 요소로서 전유될 수 있는 토양이 만들어진 것은 바로 이러한 사정에 기인한다. 일본 제국을 대체하는 새로운 규율권력에 의해 답습된 행진(곡)의 감각은, 그러므로 식민주의적 본질에 대한 비판으로부터 자유로울 수 없다.

## scene 2: 조국과 민족의 무궁한 영광을 위하여 전진하라

식민지배 시기가 이 땅에서 행진(곡)의 감각을 받아들이고 익숙해지기 시작한 때라고 한다면, 해방 이후 개발독재와 유신 시기는 그 병적인 감각이 내면화의 단계로 도약한 '진짜 제대로 된' 군가의 시대, 행진곡의 시대라고 말할 수 있다. 이 무렵에 국가 주도로 대거 창작된 행진곡풍의 노래들은 대개 유구한 역사를 보유한 한 민족의 자긍심과 조국에 대한 애국심을 고취하고, 국민 모두 하나가 되어 부강한 국가 건설의 동력이 되어야 한다는 개발주의 내러티브로 점철되어 있다. 이러한 노래들은 소위 '건전가요'로 분류되는 건전한 대중가요로서 국민의 일상에 급속하게 침투하게 된다. 물론 그 기원은 일본 제국이 식민지 조선인의 생활을 통제하고 대동아전쟁大東亞戰爭에 동원하기 위한 수단으로 보급했던 국민가요, 가정가요, 군국가요와 같은 노래에서 찾을 수 있다.

해방 이후 '행진곡의 시대'의 서막은 〈5·16 혁명 행진곡〉과 함께 열린다. 1961년 5월 16일 당시 육군 소장이었던 박정희는 집권에 성공한 이후 〈5·16 혁명 행진곡〉을 발표함으로써 군사 쿠데타의 정당성을 노래의 형식 안에 담는다. "조국을 지키려는 큰 한 정성"이 한데 모여 "혁명의 깃발"을 들게 했다는 노래의 첫 소절은 마지막 소절의 "찬란하게 꽃피우자 자유의 조국"으로 이어지는데, 이 노래의 궁극적인 메시지에 해당하는 '조국과 겨레의 재건'은 곧 군사정권의 필연성이 발 딛고 있는 이데올로기의 서사적 토대가 무엇인지 간명하게 보여준다. 집권 말기인 1976년 박정희 전 대통령이 직접 작사·작곡한 〈나의 조국〉은 어찌 보면 〈5·16 혁명 행진곡〉의 연장선에 있는 노래가 아닌가 한다. 〈5·16 혁명 행진곡〉이 새롭게 탄생한 군사정권이 지향하는 바를 말한 것이라면, 〈나의 조국〉은 근대화와 산업화의 성과에 대한 나름대로의 자신감을 표현한 것이었다고 할 수 있겠다. 만들어진 시기에서는 큰 차이가 있지만, 두 노래 모두 일본 군가의 영향이 명확하게 나타나는 군가풍의 행진곡 또는 행진곡풍의 군가 양식이라는 점에서는 다르지 않다.

박정희가 재임 기간 중에 작곡한 건전가요류의 노래는 〈나의 조국〉 하나만이 아니다. 박정희는 유신체제를 운영하는 데 있어서 그 누구보다 노래의 효율성과 필요성을 간파했던 인물이다. 현재 중장년층 이상의 한국인에게 1970년대 하면 떠오르는 이미지 가운데 하나인 새마을운동, 그리고 새마을운동 하면 떠오르는 "새벽종이 울렸네, 새 아침이 밝았네. 너도 나도 일어나 새 마을을 가꾸세"의 경쾌한 리듬과 선율은 박정희 본인이 직접 작사·작곡한 〈새마을 노래〉의 도입부분이다. 요즘 세대는 '응답하라' 시리즈와 같은 복고풍 드라마 정도에서 얼핏 들어 보았을지도 모르겠지만, 〈새마을 노래〉는 〈잘살아 보세〉와 함께 당시 한국인의 아침을 연 희망의 노래였다. 학교나 직장을 비롯하여 영화관과 같은 문화시설에서도 흔히 들려오던 이 가난 극복의 노래는 박정희의 국민들에게 근면·자조·협동의 정신을 일상 속에서 내재화하도록 하는 감각적인 정치의 수단으로 기능했다. 이 밖에도 박정희의 개발독재 시기를 대표하는 행진곡풍의 군가로 〈향토방위의 노래〉가 있다. "한 손엔 망치를 한 손엔 총칼을 들고, 일하며 싸우고 싸우며 일하자"는 이 노래는 조국의 근대화와 반공을 국시로 하던 당시 대한민국 정부의 통치 이데올로기를 고스란히 담고 있다.

군가와 행진곡의 전성시대는 박정희가 피격되어 사망한 10·26 사건 이후에도 단절되지 않은 채 전두환의 집권 시기로 이어지는 모습을 보인다. 오늘날에도 대한민국의 10대 군가, 12대 군가 등에 꼽히는 노래 가운데 상당수가 전두환 군사정권하에서 만들어졌으니 말이다. 당시에 만들어진 〈전선을 간다〉〈최후의 5분〉과 같은 군가들이 아직까지도 장병들이 선호하는 곡목의 상위권에 올라 있다는 이야기를 듣다 보면, "거꾸로 매달아도 국방부 시계는 간다."는 덕담이 "국방부 시계는 거꾸로 간다."는 식으로 전도되는 듯하다. 1981년 전두환 전 대통령의 지시에 따라 군가를 널리 보급하기 위해 〈아벤고 공수 군단〉이라는 극영화를 만들면서, 수천 명의 장병과 함께 탱크와 헬기, 수송기와 전투기 등 실전에 사용되는 무기를 대대적으로 동원한 일화도 하나의 소극에 지나지 않을 뿐이다.

식민지 시절부터 익숙해지기 시작한 행진곡풍의 군가는 박정희와 전두환으로 대표되는 군사정권을 지나 오늘날의 군대에 이르기까지 유구한 전통으로 계승되고 있다. 해방 이후 이 땅에서 불린 그 많은 군가가 일제강점기의 행진곡을 닮아 있는 것은 우연인가 필연인가. 다시 한 번 언급하자면, 행진하는 신체는 동원 가능한 신체이다. 어떤 규율권력에 의해 동원되는지만이 다를 뿐이다.

한국 근현대사 속에서 쉽게 찾아볼 수 있는 군가풍의 행진곡, 행진곡풍의 군가는 규율권력의 이데올로기를 담는 그릇의 구실을 했다. 한국 근현대사에서 행진곡류의 노래에 주목해야 하는 이유가 있다면, 단지 그것이 일본 제국의 통치와 동원의 수단 가운데 하나였기 때문이 아니라 오히려 식민지배 시대의 자기복제 과정을 거쳐 도달한 내면화의 지점에서 찾을 수 있다. 박정희 군사정권으로부터 시작된 개발독재는 명실공히 '군가와 행진곡의 시대'의 개막을 선포했다. 국가의 주도하에 만들어진 행진곡풍의 수많은 건전가요들은 대중에게 국가와 민족, 겨레와 동포라는 거대 서사를 위해 끊임없이 전진할 것을 독려하고 있으며, 여기서 개인의 목소리는 손쉽게 소거되고 있다. 군부독재의 시대가 군가와 행진곡의 장려·유행과 밀접한 관계 속에서 전개되었다고 해도 과언이 아닐 수 있는 이유는 바로 여기에 있다.

여기서 한 가지 더 짚어볼 부분이 있다면, 독재와 폭력의 부조리에 항거하기 위해 창작된 운동가요와 민중가요 들이 식민지배와 독재정권하에서 대중의 귀를 사로잡았던, 규율권력의 갖가지 명령으로 범벅인 노래들과 과연 얼마나 다른 것이었는가 하는 질문으로 요약될 수 있다. 386 운동권 세대의 한계로 지적되어온 이른바 '진보의 보수성'은 민중가요의 형식 속에서도 어렵지 않게 확인된다. 이 땅의 규율권력이 즐겨 사용한 군가풍·행진곡풍의 노래와 꼭 닮아 있는 수많은 민중가요들은 권위주의적인 군사문화의 잔재인 동시에 획일주의와 전체주의로 무장한 파시즘의 청각적 복제품 그 이상도 이하도 아닌 것이다. 20세기 후반 독재정권으로부터 민주주의를 되찾아온 그들이었지만, 언젠가부터 이들은 스스로 범해온 이념과 실천 사이의 이율배반, 그리고 그 교조주의적인 맹목으로 인해 비판의 뭇매를 맞아온 것이 사실이다. 어쩌면 진보진영의 퇴행성은 소리와 리듬으로 이뤄진 감각적인 매개물 속에 이미 예견되어 있던 것인지도 모른다.

## scene 3: 우리 안의 행진곡, 교가를 생각한다

레코드판과 카세트테이프를 디지털 음원이 대체하고, 유튜브 콘텐츠를 통해 자신의 개성을 마음껏 표출하는 요즘 같은 세상에, 이미 철이 지나 버린, 그래서 우리의 삶과는 동떨어져 보이는 군가나 행진곡이 도대체 무슨 의미가 있으며 얼마만큼 영향력을 지니는가라고 혹자는 의아해할는지도 모른다. 그러나 우리가 의식하지 못하는 사이 일상 깊숙한 곳에, 그것도 매우 광범위한 영역에 걸쳐 행진곡의 이념과 감각이 들어와 있으며, 그로부터 자유로운 사람은 아무도 없을 것이라 답할 수밖에 없다. 한국 사람이라면 누구나 한두 개씩은 외우고 있을 교가校歌, 학창 시절의 한 장면을 채워주는 교가야말로 우리가 인식하지 못하는 사이에 일상 속에 들어와 있었던 행진곡의 중요한 사례이기 때문이다.

우리는 동일한 선율의 교가를 제창함으로써 하나의 학교 공동체에 소속된 일원임을 체화하며 학창 시절을 보내왔다. 한 공동체의 결속력과 유대감 형성에 음악이 차지하는 비중은 그만큼 크다. 그러나 교가가 학교 공동체 단위의 일체감을 이끌어내는 역할만을 수행하는 것은 아니다. 교가는 한 학교의 교육이념을 반영하며, 교육이념은 필연적으로 더 상위 기관인 국가의 교육정책을 반영한다. 교가의 서사에 흔히 등장하는 표현들이 능동적이고 자율적인 인격체보다는 국가권력에 순응하는 인간상에 경도되어 있는 현실에 대해 '우리 안의 파시즘'의 문제의식으로 다시 접근해볼 때가 아닐까 한다.

2022년 현재 대한민국에 존재하는 초·중·고등학교는 모두 12,000여 개에 달한다. 그러나 그 많은 숫자에도 불구하고 교가에 있어서는 이상하리만치 천편일률적으로 유사하다. 대개의 경우 산이나 강과 같은 학교 주변의 자연물이 등장하고, 뒤를 이어 그 자연을 벗 삼아 학생들이 갖춰야 할 덕성을 강조한 다음, 민족과 국가의 미래를 위해 힘써야 한다는 식의 엇비슷한 내용이 교가가사의 특징이다. 결국 열심히 공부해서 개인의 행복보다는 공동체에 필요한 인간이 되기에 힘쓰라는 뜻이다. 교가 가사에 주로 등장하는 나라사랑·조국·민족·겨레·충성·은혜·정의·슬기·봉사·기둥·기상·개척·건설·자랑·일꾼·전진·등불·희망·보람·협동·순결·정숙과 같은 단어들은 거룩한·장한·착한·바른·부지런한·씩

씩한·뛰어난·성실한 등의 수식어와 결합해 획일화되고 규격화된 인격을 장려하고 있다. 한편 교가의 가사 중에는 의외로 거칠고 호전적인 표현들이 많은데, 극단적인 경우에는 선봉·채찍·핏줄·용사·전사·인화단결·자강불식·피 끓는·이 몸을 바쳐 등과 같은 광기 어린 표현들도 심심치 않게 찾아볼 수 있다.

교가 가사의 사정이 이러하다면 선율이나 리듬, 박자와 같은 음악적인 요소는 과연 자율적인가? 그렇지 않다. 대한민국 교가 거의 전체에서 나타나는 4/4 박자는 행진하기에 적합한 2박자 계통이다. 이는 고유의 3박자 장단이 식민지배 시기에 조선의 사운드스케이프soundscape로부터 서서히 밀려나면서 나타난 문화현상이라 할 수 있다. 교가의 주요 리듬으로 사용되는 점 8분 음표와 16분 음표가 결합된 '퐁코부시ピョンコ節' 리듬 또한 동일한 선상에서 이해할 수 있다. 경쾌하고 진취적인 분위기를 표현하는 데 용이한 퐁코부시 리듬은 일본 군가에서 흔히 사용되는 전형적인 행진곡 리듬이다. 간단히 말해 교가의 내용과 형식을 이루는 획일화된 특징들은 식민지 조선에서 일본의 창가와 군가가 유행함에 따라 내면화된 행진의 감각이 해방 이후 개발독재와 군사정권을 거치면서 더욱 강화되고, 그 과정에서 군사문화의 흔적이 교정되지 못한 채 교가 속에 정착된 것으로 추측할 수 있다.

이러한 교가의 문제점에 대해 비판의 목소리가 본격적으로 제기되기 시작한 것은 2019년의 일이다. 그 내용은 일제의 잔재 청산과 역사 바로 세우기 운동의 연장선에서 일본의 식민지배에 협력한 의혹이 있는 음악가가 만든 교가를 교체한다는 것이다. 음악 교과서를 통해 한 번쯤은 들어보았을 현제명·김성태·김동진·이흥렬·이은상 등은 친일인명사전에 이름이 오른 음악가이다. 이들이 만든 교가를 수십 년째 제창한다는 것은 수치스러운 일이며 더 나아가 앞으로 이 나라를 이끌어갈 학생들에게 올바른 역사의식을 심어줄 수 없다는 것이 교가를 교체해야 할 필연적인 이유로 지적된다. 이에 따라 각 지자체에서는 교육청을 중심으로 이러한 논란이 있는 음악가들이 작곡한 교가의 실태를 조사하고, 교가 교체 비용을 일부 지원하는 방식으로 새로운 교가 만들기 운동에 동참할 것을 적극적으로 권고하고 있다. 그리고 이러한 뜻에 부응한 학교들에서 실제로 교가를 바꾸는 사례가 속속 늘어나는 추세이다.

친일 음악가로 분류된 이들이 작곡한 교가는 대개 군가나 행진곡풍으로 일본 음악의 영향이 강하게 나타나는 것이 사실이다. 또한 교가 바꾸기 운동과 함께 식민지배 시기부터 내려온 전체주의적인 훈육 방식의 하나인 애국조회, 교문지도, 당번제 및 선도부제도 등에 대한 문제제기에는 동의하지 않을 수 없다. 그러나 새롭게 교체된 교가가 '식민주의의 잔재'로부터 자유로운 것인지에 대해서는 더 생각해볼 필요가 있다. 교가 교체를 통해 탈식민의 목표를 성취하고자 한다면, 학생들에게 또 다른 방식의 획일화된 규범을 요구하는 것은 곤란한 일이다. 어렵게 교체를 결정한 교가에서 작사가나 작곡가의 이름만 바뀌어서야 될 것인가. 교가 교체를 향한 최근의 움직임들이 말 그대로 '친일파 청산'으로 이어져서는 시대착오적인 민족주의 교육의 늪으로 더 깊숙이 빠져들어갈 뿐이다. 교가를 만든 인물이 친일인명사전에 등재되었는지 아닌지 여부를 가리는 것보다 더 필요한 일은 교가라는 노래의 저변에 깔려 있는 식민주의 규범에 대한 성찰일 것이다.

교가라는 청각적 상징물은 서사적인 메시지뿐만 아니라 그 메시지를 담는 그릇으로서의 음악 형식을 통해서도 또한 파시즘의 이데올로기를 전승한다는 점에서 우리 일상 속 더 깊숙한 곳에 똬리를 튼다. 행진(곡)의 감각이 위험한 첫 번째 이유는 그것이 규율 권력의 목소리 그 자체이기 때문이며, 두 번째는 감각적인 통제의 수단이 발휘하는 은폐의 힘 때문이다. 교가의 교체나 새로운 창작의 작업들이 최소한 이러한 고민들을 공유하는 과정 속에서 이루어질 때 식민주의의 청산은 시작될 수 있는 것이 아닐까 한다.


## epilogue: 소리 안에 살아 있는 파시즘

이제는 교과목에서 사라진 교련 시간에 '제식훈련'을 받아본 사람이라면 알 수 있을 것이다. 팔다리를 동일하게 흔들며 오와 열을 맞춰 걷는 동작이 얼마나 초조하고 긴장되는 일인지 말이다. 그 전진하는 행진의 리듬 속에는 잠시 뒤를 돌아보거나 쉬어 갈 틈이 주어지지 않는다. 잠시 잡념이 들어 집중력이 흐려지면 대열은 곧바로 흐트러지기 마련이다. 집단적인 통일성을 깨뜨리는 학생들에게 기합이나 체벌은 정해진 수순이다. 행진의 대열은 오로지 단일한 궁극의 목표를 향해 달려 나갈 뿐이다. 독재정권의 트레이드마크인 열병식 퍼레이드를 보면 한 치의 오차도 없이 각을 맞춰 행진하는 젊은 군인들의 모습에서, 기계적이고 편집증적으로 나사를 조이던 영화 〈모던 타임스〉 속 찰리 채플린의 모습과 함께 컨베이어 벨트 위에 가지런히 정렬된 공산품의 흐름이 떠오른다. 사회주의가 됐든 자본주의가 됐든, 행진의 퍼포먼스는 인간을 체제의 부품으로 전락시키는 도구화의 덫일 따름이다.

행진이란 군대 조직의 전유물만은 아니다. 행진의 감각은 일본 제국주의와 독재정권이 필요로 했던, 체제에 순응하는 건전한 신체를 조형하려는 목표에 따라 규율권력의 기획에 의해 생산되었으며, 우리의 일상 속에서 생필품처럼 별다른 의미 없이 소비되며 오늘에 이르고 있는 것이다. 교가를 비롯한 각종 기념식의 노래들, 집회 현장의 수많은 민중가요들이 채택하고 있는 행진의 리듬은 그 흥겹고 경쾌한 감각 뒤에서 무언의 권력을 행사한다. '행진하는 신체 = 동원 가능한 신체'라는 명제는 예나 지금이나 광범위하게 통용되는 원칙이라고 할 수 있을 것이다.

영리한 권력은 감각을 파고든다. 히틀러의 나치가 그랬고, 박정희의 유신체제가 그랬으며, 북한 김씨 일가의 세습 독재정권 또한 마찬가지다. 그리고 멀티미디어가 극도로 발달한 오늘날에 감각적인 수단을 정치에 활용하는 시도들은 날이 갈수록 정교해지고 있다. 그것은 엄연한 현실이면서도 쉽게 인식되지 않는다는 점에서 더욱 주의를 기울여야 할 일이다. 파시즘은 행진의 소리와 리듬 속에 새겨져 있다. 바꿔 말하면, 행진의 감각은 파시즘의 존재양식이다. 어린 시절 행진에 대한 기억이 여전히 씁쓸한 입맛으로 남아 있는 이유는, 그것이 어린아이에게조차 무언가 알 수 없는 부당함을 느끼게 하는 것이었기 때문이다. '소리의 식민성'이라는 관점에서 '우리 안의 행진곡'에 대해 되돌아보려는 이유 또한 같은 것이 아닐까 하는 생각이 든다. 행진(곡)은 우리 주위에 늘 함께 있어 왔으나 쉽게 알아챌 수 없었던, 소리 안에 살아 숨 쉬고 있는 파시즘의 현현顯現이다.

FASCISM

DEMOCRACY

FASCISM

DEMOCRACY

FASCISM

DEMOCRACY

FASCISM

DEMOCRACY

FASCISM

FASCISM
DEMOCRACY
FASCISM
DEMOCRACY
FASCISM
DEMOCRACY
FASCISM
DEMOCRACY
FASCISM

# 우리 안의 파시즘 2.0

### 내 편만 옳은 사회에서 민주주의는 가능한가?

---

**1판 1쇄 발행일** 2022년 2월 14일
**1판 2쇄 발행일** 2022년 3월 21일

---

**엮은이** 임지현 우찬제 이욱연
**지은이** 김내훈 김진호 박상훈 배묘정 우찬제 이진우 이철승 임지현 정희진 조영한

**발행인** 김학원
**발행처** (주)휴머니스트출판그룹
**출판등록** 제313-2007-000007호(2007년 1월 5일)
**주소** (03991) 서울시 마포구 동교로23길 76(연남동)
**전화** 02-335-4422 **팩스** 02-334-3427
**저자·독자 서비스** humanist@humanistbooks.com
**홈페이지** www.humanistbooks.com
**유튜브** youtube.com/user/humanistma **포스트** post.naver.com/hmcv
**페이스북** facebook.com/hmcv2001 **인스타그램** @humanist_insta

**편집주간** 황서현 **편집** 김주원 전두현 **디자인** 이수빈
**조판** 이희수 com. **용지** 화인페이퍼 **인쇄** 정민문화사 **제본** 정민문화사

ⓒ 김내훈 김진호 박상훈 배묘정 우찬제 이진우 이철승 임지현 정희진 조영한, 2022

ISBN 979-11-6080-800-1 03300